Helmut Dumler

Rundwanderungen
Oberbayern

Rundwanderungen Oberbayern

Begangen und beschrieben von
HELMUT DUMLER

Fink – Kümmerly + Frey · Stuttgart

»Wanderbücher für jede Jahreszeit«
eine Wanderbuchreihe für die schönsten Erholungsgebiete

Kartenskizzen: Adele Greschner
Illustrationen: Frieder Knauss
Titelfoto: Höllentalangerhütte mit Höllentorkopf (Foto: Dumler)

ISBN 3-7718-0364-0

© 1979 J. Fink – Kümmerly + Frey Verlag GmbH, 7000 Stuttgart 1
Alle Rechte, auch die der photomechanischen Wiedergabe und der Übersetzung, vorbehalten.
Satz und Druck: J. Fink, 7302 Ostfildern 4 (Kemnat)
Printed in Germany

Inhaltsverzeichnis

Seite

Oberbayern 7
Übersichtskarte 10
Schrifttum 133
Weitere Wanderbücher des Fink-Kümmerly+Frey Verlages 134

Kleine Wanderungen und Spaziergänge

6	Von Eichstätt auf den Frauenberg zur Willibaldsburg	24
8	Von Bittenbrunn zum Finkenstein	29
9	Von Oberwittelsbach nach Rapperzell	31
11	Von St. Ottilien über Eresing zur Ulrichskapelle	36
12	Von Landsberg über die Teufelsküche nach Pitzling	38
19	Von Staltach um die Osterseen	56
20	Von Herrsching über die Leitenhöhe nach Andechs	59
22	Von Grünwald zum Georgenstein im Isartal	65
23	In die Pupplinger Au	67
24	Von der Blockhütte auf den Blomberg	69
27	Von Kreuth über Wildbad zu den Siebenhütten	75
29	Von Weyarn ins Mangfalltal	80
30	Rund um den Schliersee	83
37	Von Reit im Winkl zum Walmberg	101
40	Durch den Zauberwald zum Hintersee	108
42	Von St. Bartholomä zur Kapelle St. Johann und Paul	113
46	Von Wasserburg durch das Inntal	122
48	Von Isen ins Lappachtal	126

Halbtageswanderungen

1	Von der Wies bei Freising zum Ampermoos	12
3	Vom Köschinger Waldhaus in den Köschinger Forst	17
5	Von Kipfenberg über Böhming nach Arnsberg	22
10	Von Bergkirchen über das Himmelreich nach Lauterbach	33
13	Von Wessobrunn zum Engelsrieder See	41
14	Von Bayersoien durch die Ammerschlucht	43
15	Von Oberammergau auf den Kofel	45
21	Von Starnberg über Possenhofen und mit dem Schiff nach Leoni .	62
28	Von Tegernsee über die Neureuth zur Gindelalmschneid	78
32	Von Degerndorf über die »Biber« zum Petersberg	88
33	Rund um den Simssee	90
34	Von Rimsting zur Eggstätter Seenplatte	93
43	Von Waging zum Waginger See	116
44	Von Raitenhaslach ins Salzachtal	118
45	Zum Inn-Salzach-Dreieck	120

		Seite
47	Um Rott am Inn	124
49	Im Ebersberger Forst	128

Tageswanderungen

2	Von Scheyern ins Ilmtal	14
4	Von Beilngries über Kottingwörth um den Arzberg	19
7	Im Wellheimer Trockental zu den Mauerner Höhlen	27
16	Von Garmisch-Partenkirchen über das Oberreintal zum Schachen	47
17	Von Mittenwald über die Westliche Karwendelspitze ins Dammkar	50
18	Von Murnau durch das Murnauer Moos	53
25	Von Lenggries auf das Brauneck	70
26	Von der Jachenau zum Walchensee	73
31	Von Osterhofen auf den Wendelstein	85
36	Von Aschau auf die Kampenwand	98
38	Von Ruhpolding über Eisenärzt nach Maria Eck	103
39	Von Bad Reichenhall auf den Predigtstuhl und zum Alpgarten	105
50	Durch das Erdinger Moos	130

Zweitageswanderungen

35	Rund um den Chiemsee	95
41	Auf den Watzmann	110

Welch ein Glück, daß es die einfachen Dinge immer noch gibt, immer noch Felder und rauschende Bäume und den Mond am Himmel, so hoch aufgehängt, daß ihn niemand den Nachbarn zum Trotz herunterschießen kann.

Heinrich Waggerl

Oberbayern

Ohne die landschaftlichen Reize anderer bayerischer Regierungsbezirke schmälern zu wollen: Oberbayern ist das Land, das dem Wanderer die vielfältigsten Eindrücke vermittelt. Und dieses Oberbayern umfaßt nicht nur - wie vielfach angenommen wird - das Gebiet südlich von München und der Salzburger Autobahn, obwohl dort zweifellos die Glanzpunkte zu finden sind. Es reicht im Norden bis ins Altmühltal, im Westen zur schwäbischen Grenze am Lech und berührt im Osten den Nachbarn Österreich.

Aus diesem Raum 50 Rundwanderungen auszuwählen ist zwar kein Problem, andererseits aber auch nicht ganz einfach. Es sollten nämlich sowohl die repräsentativen Plätze berücksichtigt, es sollten aber auch weniger bekannte Wanderreviere vorgestellt werden, sozusagen »die einfachen Dinge«, von denen Heinrich Waggerl spricht.

Ich habe versucht, Oberbayern in seiner unwahrscheinlichen Vielseitigkeit durch Wanderungen zu erschließen: Alpengipfel ebenso wie Moränen- und Mooslandschaften, die großen Seen wie die ungestümen Flüße, Kunst und Kultur, den Nahbereich der Städte - das attraktive Angebot in Form von rund 600 Kilometer an Wanderwegen. Freilich ist das nicht erschöpfend. Es kann nur eine Auswahl sein, eine subjektive, wie ich zugeben muß. Eine Auswahl, die ich getroffen habe durch Eindrücke aus über einem Jahrzehnt Wandern in meiner Heimat. Zu einem Mehr wird es sicherlich auch bei Ihnen kommen; Spezialführer sind unter »Schrifttum« aufgeführt.

Fast alle Touren können auch mit Kindern unternommen werden, zum Teil sogar mit Ski. In alpinen Regionen sind festes Schuhwerk, zweckmäßige Kleidung, Proviant, Regenschutz und - sicheres Wetter unerläßlich. Im Tal ist das jeweilige Ziel sowie die voraussichtliche

Dauer des Unternehmens anzugeben. Außerdem sollte man sich vorher nach den Verhältnissen am Berg erkundigen.

Die Gehzeiten verstehen sich ohne Pausen oder sonstige Aufenthalte und sind auf den durchschnittlichen Wanderer abgestimmt. Bei der Steigung sind die zu überwindenden Höhenmeter insgesamt angegeben. Auf den Planzeichnungen entsprechen (sofern im Maßstab 1:50000 wiedergegeben) 2 Zentimeter auf der Skizze einem Kilometer in der Natur. Empfehlenswert ist es, die am Schluß jeder Tourenbeschreibung erwähnte Karte des Bayerischen Landesvermessungsamtes mitzuführen. Änderungen der von mir genannten Gegebenheiten sind jederzeit möglich. Sollten Sie Derartiges feststellen, wären Ihnen Verlag bzw. Autor für diesbezügliche Informationen sehr dankbar.

Helmut Dumler

Wandervorschläge

Die Ausgangspunkte
der Rundwanderungen
in Oberbayern

- Beilngries (4)
- Kipfenberg (5)
- (6) Eichstätt
- (3) Köschinger Waldhaus
- (7) Wellheim
- Bittenbrunn (8)
- Ingolstadt
- A 9
- (2) Scheyern
- Oberwittelsbach (9)
- (1) Freising
- A 8
- Augsburg
- Bergkirchen (10)
- St. Ottilien (11)
- MÜNCHEN
- (12) Landsberg
- Herrsching (20)
- Ammersee
- (21) Starnberg
- (22) Grünwald
- (13) Wessobrunn
- Starnberger See
- (23) Puppling
- Weyarn (2)
- A 95
- Staltach (19)
- (24) Bad Tölz
- Bayersoien (14)
- (18) Murnau
- Tegernsee (25)
- Lenggries
- Kreuth (27)
- (15) Oberammergau
- (26) Jachenau
- Garmisch-Partenkirchen (16)
- (17) Mittenwald

10

1
Von der Wies bei Freising zum Ampermoos

In der ersten Hälfte des 18. Jahrhunderts wallfahrten die Freisinger noch in 30stündigem Fußmarsch zur Wies bei Steingaden, dann ließen sie sich um die Jahrhundertmitte eine Abbildung des gegeißelten Heilandes der Wies malen und bauten ihre eigene Wieskirche gewissermaßen vor die Haustür, 4 Kilometer nordwärts an die heutige B 301 (»Hopfenstraße« in Richtung Mainburg). Die Freisinger Wies (Kirchenführer-Broschüre) reicht an Großartigkeit selbstverständlich nicht an das Rokokowunder bei Steingaden heran, ist dafür aber volkstümlicher und origineller. Parkplätze sind vor dem Kircheneingang vorhanden, direkt an der B 301; Haltestelle der Post-Bahn-Busse (Strecke Freising – Mainburg).

Von der Südseite der Kirche mit einem Forststräßchen (Tafel: Dorfhelferinnenschule) 300 Meter ostwärts, dann links, nach 150 Metern rechts halten und leicht bergan. Auf der Kuppe sehen wir halblinks die Höfe von Zellhausen. Abwärts noch ein Stück am Waldrand entlang, bis ein Weg geradeaus in den Wald führt. Etwas ansteigen, worauf sich die Route rechts wendet zum Waldrand. An seinem Rand links entlang. Im Vorblick zeigt sich der Kirchturm von Altenhausen. Hinunter nach *Xaverienthal*. Rechts steht eine 1863 erbaute Kapelle (verschlossen). Wir halten uns links, vorbei am Haus Nummer 1 und gelangen durch das breite Wiesental zur 1717 geweihten Kirche von *Altenhausen* mit einem gotischen Turm. Dieses typisch ländliche Gotteshaus (verschlossen, Schlüssel im Bauernhof nebenan) birgt eine gotische Mondsichel-Madonna und ist reich stuckiert; von der Wies 35 Minuten.

Beim Bauernhof beschreibt unsere Tour einen scharfen Linksknick. Gegenüber von Haus Nummer 27 rechts in einen Weg einschwenken. Aufwärts, ein Stück hohlwegartig und in östlicher Richtung durch eine Mulde in ¼ Stunde zu einer Straße, die wir südlich von Goldshausen bei einem Feldkreuz betreten. Links in den Weiler *Goldshausen*. Dort rechts in einen breiten Weg, der ostwärts ins *Oberholz* leitet. Geradeaus, 50 Meter vor dem Waldrand wenden wir uns links. Auf einem Holzabfuhrweg hinunter zum Zaun einer Schonung

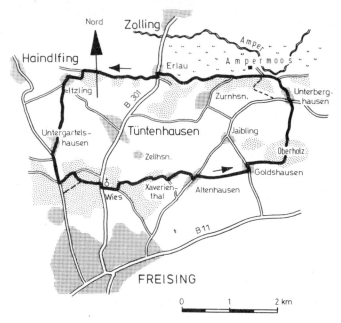

und geradeaus weiter. Nach dem Wald aufwärts und über die freie Kuppe nach *Unterberghausen,* einer kleinen Ortschaft; von der Wies nicht ganz 1½ Stunden.

Auf der Teerstraße 10 Meter links, beim Kreuz rechts und durch den Ort abwärts ins breite *Ampertal* mit den feuchten Böden des Ampermooses. Vor dem Fluß links einem asphaltierten Fahrweg folgen (Badeplätze). Wo sich der asphaltierte Fahrweg rechts wendet, spazieren wir links davon an einem Drahtzaun bzw. am Waldrand entlang. Rechts wird der in einem prächtigen Park gelegene Eichhof sichtbar. Etwas später sehen wir auf dem jenseitigen Ufer den Rokokoturm der Zollinger Pfarrkirche und – weniger erbauend – die häßliche Anlage eines Betonwerkes.

Unsere Route bleibt an der Basis des südseitigen Uferhanges und liefert uns nach ½ Stunde bei der Bushaltestelle im unteren Ortsteil von *Erlau* ab; von der Wies 2¼ Stunden.

Auf der B 301 links (südwärts) etwa 100 Meter, worauf wir vor Haus Nummer 9 rechts abbiegen und auf einem asphaltierten Fahrsträßchen westwärts schlendern, etwa 20 Minuten – aus dem Moos leuchten die hellen Stämme der Birken –, bis links ein Sträßchen hinaufführt in den Weiler *Itzling*. Rechtshaltend auf der Straße, bei der Rechtskurve (an einem großen Hof) geradeaus, nach 100 Metern erneut geradeaus mit einem Feldweg in südlicher Richtung. Auf der Höhe sehen wir rechts die Kugeln und den Schirm einer Radaranlage, links die graue Wetterseite des Turmes der spätgotischen, barockisierten Wallfahrtskirche St. Michael in Tüntenhausen.

Eine Senke durchschreiten und zu den Häusern von *Untergartelshausen*. Von dort auf der Landstraße südwärts in Richtung Freising, aber nur 600 Meter, denn dann vertrauen wir uns links einem Forststräßchen an. Etwa 400 Meter nordostwärts, auf einem Kahlschlag halbrechts abwärts zu einem Querweg und auf ihm links (Markierung: grünes Viereck im weißen Kreis) zurück zur *Wies*.

Weglänge 14 km.
Gehzeit etwa 3¾ Stunden.
Gesamte Steigung etwa 200 m.
Wanderkarte 1:50 000 Blatt L 7536 Freising.
Einkehrmöglichkeit Erlau (abseits der Route im Oberdorf).
Bemerkung: Badegelegenheit in der Amper.

2
Von Scheyern ins Ilmtal

Bevor die Wittelsbacher ihren Stammsitz nach Oberwittelsbach bei Aichach (siehe Wanderung 9) verlegten, stand ihre Burg auf dem Berg von Scheyern. Danach hatte sich das Geschlecht – Blutserben der Luitpoldinger – ursprünglich benannt. Das Benediktinerkloster wurde im 12. Jahrhundert gestiftet. Die Kirche stammt aus der Romanik, wurde aber im 16. und 18. Jahrhundert entscheidend umgestaltet (Kirchenführer-Broschüre). Mitte der siebziger Jahre unseres Jahrhunderts erfuhr sie ihre jüngste Renovierung. Es bleibt dem Urteil des kritischen Beschauers überlassen, was er besonders von den restaurierten Deckengemälden hält! Die neue Orgel wurde 1979 erbaut. – Anfahrt von München entweder auf der B 13 bis Ilmmün-

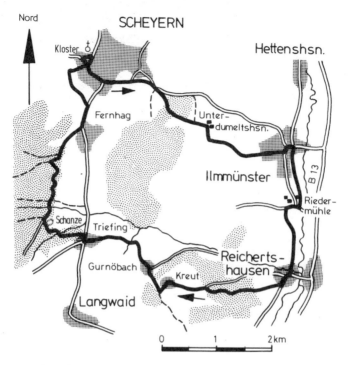

ster, oder auf der Autobahn zur Ausfahrt Allershausen und über Ilmmünster nach Scheyern. Parkraum steht vor dem Klostereingang zur Verfügung.

Zunächst auf der Straße durch *Scheyern* in Richtung Ilmmünster. Aber nur bis zum Kilometertäfelchen 27,5. Dort halbrechts auf einem Feldweg mäßig bergan. Anschließend im Wald linkshaltend (südostwärts) abwärts in ein Tälchen und auswärts nach *Unterdumeltshausen,* von wo ein Asphaltsträßchen hinaus nach *Ilmmünster* leitet; von Scheyern 1 Stunde.

Die ehemalige Kollegiatsstiftskirche, ein Zwischending von Münster und Dorfkirche, sehen wir uns auf jeden Fall an. Die flachgedeckte Pfeilerbasilika stammt aus dem frühen 13. Jahrhundert. Erasmus Grasser (um 1450–1518) ist mit vier Holzreliefs sowie den Altarfiguren der Maria und des Johannes vertreten.

Vom Fischerwirt ostwärts in Richtung Bundesstraße. Gegenüber von Haus Nummer 1 der Freisinger Straße biegen wir rechts in die *Raiffeisenstraße* ein. In der Folge auf Wiesenwegen in südlicher Richtung, an einen Nebenlauf der Ilm heran und nach *Riedermühle* am Westrand des Ilmtales.

Nun in Richtung Ilmried westwärts, nach 200 Metern links über ein Bächlein und wieder südwärts, kurz hohlwegartig, anschließend am westlichen Talrand nach *Reichertshausen;* von Scheyern 1¾ Stunden.

Auf der *Straße Ilm* in den Ort. Halblinks zwischen den Bäumen durch sehen wir das äußerlich vernachlässigte Wasserschloß des Barons von Cetto (keine Besichtigung). Auf der *Schloßstraße* rechts in Richtung Lausham. Wenig später, nach Haus Nummer 30a halbrechts mit dem Sträßchen *Hofberg* ansteigen. Bei der Gabelung links in das Sträßchen *Schönblick*. Nach etwa 50 Metern halblinks auf einen Feld- und Wiesenweg, der zum Wald des *Hofberges* leitet. Durch den Wald in westlicher Richtung in ¼ Stunde zu einer Fahrstraße und links zum ersten Hof von *Kreut*. Weiter westwärts in den Weiler. Ungefähr 150 Meter nach dem Dorfende scharf rechts und hinunter nach *Gurnöbach*. Bei der kleinen, total heruntergekommenen Kapelle halten wir uns links und marschieren auf der Straße in guten 25 Minuten nach *Triefing;* von Scheyern 3 Stunden.

Rechts auf der Straße etwa 150 Meter (Richtung Scheyern), dann links in einen Weg einbiegen. Im Wald abwärts, einen Bach überschreiten und Gegenanstieg in den *Scheyernforst*. Auf der Höhe sind rechts des Weges die Wälle einer *Keltenschanze* zu erkennen. In Bayern sind über 150 derartige Anlagen registriert. Es handelt sich um keltische Kultstätten aus der Spät-La-Tènezeit (2. bis 1. Jahrhundert v. Christus); in einem Schacht wurden tierische Organe geopfert. In späteren Notzeiten zogen sich die Bauern vor feindlichen Eindringlingen in die Schanzen zurück.

Hinab zu einer Kreuzung der Waldsträßchen. Rechts in nördlicher Richtung bergab und bergauf in ½ Stunde zu den Häusern von *Fernhag*.

Vom Maibaum nordwärts, vorbei am *Gasthof Zur Lüften*. Der Kirchturm von Scheyern taucht auf. Auf der Straße bleiben, bis links zwei Wege abgehen. Wir nehmen den zweiten Weg, der sich nord-

westwärts senkt zu einem Wasserhäuschen. Ein Stück vor den Klosterweihern und dem Klostergut stoßen wir auf den *Benediktenweg*. Mit ihm rechts aufwärts, oben auf der Straße links zum *Klosterstüberl* und durch ein Tor in den Klosterhof von Scheyern.
Weglänge 16,5 km.
Gehzeit 4½ Stunden.
Gesamte Steigung etwa 300 m.
Wanderkarte 1:50 000 Blatt L 7534 Pfaffenhofen/Ilm.
Einkehrmöglichkeiten Ilmmünster, Reichertshausen (etwas abseits), Fernhag.
Bemerkung: In der Klosterkirche Scheyern führt rechts vor dem Altarraum eine Türe zum Kreuzgang und damit zur Kapelle mit der Grablege der Wittelsbacher.

3

Vom Köschinger Waldhaus in den Köschinger Forst

Der Köschinger Forst gehört zu den drei größten geschlossenen Waldgebieten im Naturpark Altmühltal. Als idealer Ausgangspunkt steht dort das *Köschinger Waldhaus* zur Verfügung, das von Kösching auf einer 6,5 Kilometer langen Asphaltstraße erreicht wird.

Vom Parkplatz zum *Köschinger Waldhaus* bzw. zu einer Wegkreuzung rechts davon unter einer alten Eiche. Dort rechts und dem Weg etwa 10 Minuten folgen. Gleich nach einer Schranke bei der Wegkreuzung links, zwei Gatter (wieder schließen!) passieren und anschließend auf breitem Weg in schwach nordöstlicher Richtung durch den *Köschinger Forst*. Bergauf und bergab wandernd, geht es nach 25 Minuten über eine Wegkreuzung geradeaus (Markierung: schwarzer Kreis auf gelbem Grund). Nun vergehen noch etwa 20 Minuten, dann stoßen wir auf ein von rechts kommendes Quersträßchen, dem wir links abwärts etwa 100 Meter zu einer Kreuzung folgen. Jetzt links weiter, leicht ansteigend im Nordhang des *Königsberges* in westlicher Richtung. Nach einiger Zeit senkt sich der breite Weg. Unten, bei der Wegdreiteilung, halten wir uns mit der Kreis-

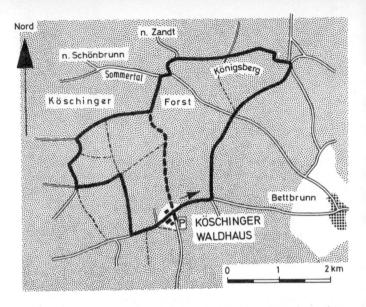

markierung links. Einer langgezogenen Linkskurve folgt eine weitere Weggabel; rechts ins *Sommertal,* nach 200 Metern links mit den Markierungen Kreis und schwarzer Keil. Nach 10 Minuten wenden wir uns rechts und schreiten auf breitem Weg mit der Bezeichnung gelbes x zu P 465 (der topographischen Karte). Bei einem Jägerhochsitz (Gemarkungsschild »Wolfsgrund«) scharf links und etwas später leicht ansteigend. Oben bei der Wegkreuzung rechts und mit den Markierungen schwarzer Punkt und x zunächst abwärts, dann Gegenanstieg und wieder absteigen, über ein Bachtälchen und etwas später zwei Gatter (wieder schließen!) passieren zur Straße. Auf ihr etwa 10 Minuten links, worauf halblinks ein Fußweg zum *Köschinger Waldhaus* abzweigt.

Weglänge 13 km.

Gehzeit 3¼ bis 3½ Stunden.

Gesamte Steigung etwa 100 m.

Wanderkarte 1:50 000 Naturpark Altmühltal, Blatt West.

Einkehrmöglichkeit Köschinger Waldhaus.

Bemerkung: Die Wanderung kann um ¾ bis 1 Stunde abgekürzt werden (siehe gestrichelte Linie auf der Wegskizze).

4
Von Beilngries über Kottingwörth um den Arzberg

Von mittelalterlichen Mauern umgeben erwartet uns an der Mündung des Sulztales der Erholungsort *Beilngries* mit architektonisch interessanten Häuserfronten mit behäbigen, zur Straße hin gewandten Treppengiebeln, überragt von den Spitztürmen der 1913 erbauten

Pfarrkirche; 10 Kilometer von der Autobahn-Anschlußstelle Altmühltal (Kinding). Parkraum findet man beim spätgotischen Rathaus und vor der Kirche. Wanderwegetafel am alten Feuerwehrhaus gegenüber dem »Delta-Markt«.

Auf der Hauptstraße südwärts zur *Ingoldstädter Straße,* am Hallenbad vorüber und kurz nach der *Altmühlbrücke,* bei der Kläranlage halblinks auf der alten Straße weiter, bis in einer schwach ausgeprägten Mulde links ein Weg abzweigt, auf dem wir über den Talboden gemütlich nach *Kottingwörth* wandern. Rechts am Fußballplatz vorbei und im Ort linkshaltend zu der dem hl. Vitus geweihten Kirche. Beim Eintreten in den barocken Innenraum sieht man gleich rechts die Taufkapelle mit ihren großartigen Fresken aus dem 13. Jahrhundert. Eine Informationsmappe erlaubt einen umfassenden Blick in die Kirchen- und Ortsgeschichte; von Beilngries 1 Stunde.

Diesen Eindrücken alter sakraler Kunst folgt ein kurzes Stück Rückweg, dann links, bei der Gastwirtschaft Josef Forster rechts halten und mit einem Sträßchen auf dem Talboden weiter. Die Route kann nicht verfehlt werden, weil sie geradeaus verläuft. Wo sich das Sträßchen etwa ¾ Stunden nach Kottingwörth links von der Altmühl entfernt, gehen wir am Fluß entlang weiter bis zum Sportplatz und wenden uns erst dort links zur Durchgangsstraße von *Töging;* von Beilngries etwa 2 Stunden.

Durch den Ort in Richtung Dietfurt. Nach Haus Nummer 88 links ab- und ansteigen. Hinter dem obersten Haus rechts auf dem Forststräßchen einbiegen und durch den Osthang des *Arzberges* in nördlicher Richtung mit Blicken rechts auf Dietfurt. Nach ¼ Stunde schwenkt der Weg links in Westrichtung ein und führt abwärts zum Waldrand, an dem es noch eine Weile entlang geht; dann rechts vollends ins Tal und in die Ortschaft *Ottmaring;* von Beilngries 2¾ Stunden.

Nach der Kirche links, beim letzten Haus erneut links halten und anschließend neben dem *Ludwig-Donau-Main-Kanal* her. Diese Wasserstraßenverbindung zwischen Main und Donau, die schon lange nicht mehr den Frachtverkehrserfordernissen – nur Schiffe bis 120 Tonnen Nutzlast – entspricht, wurde von 1836 bis 1846 angelegt. Nach etwa ½ Stunde auf einer Brücke links über den Kanal, danach

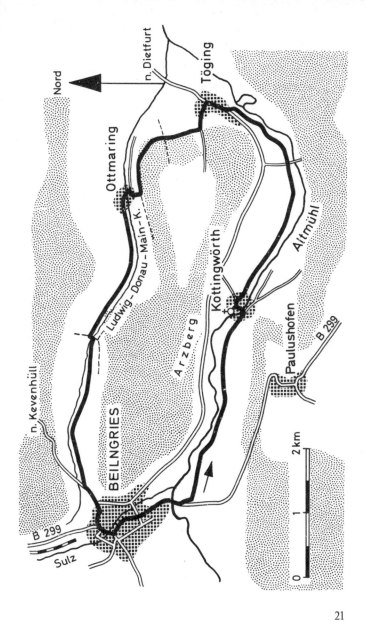

gleich wieder rechts und an der einstigen Wasserstraße entlang in 20 Minuten zu einem Fahrsträßchen, das bald in die *Kevenhüller Straße* mündet. Auf ihr zum *TÜV,* etwas später über *Sulzbrücke* und *Staufenbergplatz* linkshaltend zum Ausgangspunkt.
Weglänge 17 km.
Gehzeit 4½ Stunden.
Gesamte Steigung etwa 50 m.
Wanderkarte 1:50 000 Naturpark Altmühltal, Blatt Ost.
Einkehrmöglichkeiten Kottingwörth, Töging, Ottmaring.
Bemerkung: Badegelegenheit in Beilngries.

5
Von Kipfenberg über Böhming nach Arnsberg

Der Markt *Kipfenberg,* ein staatlich anerkannter Erholungsort, ist seit dem 13. Jahrhundert ein wirtschaftlicher und kulturhistorischer Mittelpunkt im südlichen Frankenjura mit einer idealen verkehrstechnischen Lage: jeweils 6 Kilometer von den Autobahn-Ausfahrten Denkendorf und Kinding (Altmühltal). Der malerische Marktplatz wird von einer mittelalterlichen Burganlage (keine Besichtigung möglich) beherrscht.

Vom *Marktplatz* zur *Försterstraße* und zur *Altmühl.* Nach der Brücke links auf der *Ziegelleite* und taleinwärts in 20 Minuten zur Altmühlbrücke in *Böhming.* Links über den Fluß, beim Kinderspielplatz rechts auf einem asphaltierten Fahrweg zu einem alten Flurkreuz und zur Kirche. Sie steht an der Stelle eines römischen Kastells (Informationstafel), von dem noch die Erdwälle zu erkennen sind.

Von der Südseite der Kirche auf einem Feldweg in südlicher Richtung, bis man knapp 10 Minuten später bei einer Wegkreuzung rechts geht und über die *Altmühl* zu den Häusern von *Regelmannsbrunn* am Fuß des bewaldeten Kersberg-Westhanges kommt; von Kipfenberg 1 Stunde.

Anschließend an der Basis des Hanges weiter taleinwärts in südöstlicher Richtung. Nach ¼ Stunde entfernen wir uns halblinks vom Waldrand und bummeln auf der Talsohle durch die *Unterau* und schwach rechtshaltend zum Sportplatz. Links und über die Altmühl nach *Arnsberg;* von Kipfenberg 1½ Stunden.

Hinauf zur Kirche. Rechts von ihr auf einem aussichtsreichen Weg ansteigen, weiter oben mit der Markierung grünes Kreuz auf einem schmaleren, steinigen Weg zur Hochfläche, über deren karge Wiesenböden wir zum *Schloß* spazieren. Vor der Zugbrücke eines Tores rechts zur Straße. Auf ihr links und über den Graben in den *Schloßhof;* großartige Aussicht von den Resten des Bergfrieds. Von Arnsberg ½ Stunde.

Vom Parkplatz (vor dem Schloßeingang) geht es auf dem ADAC-Rundweg nordwärts in Richtung Kipfenberg (Tafel) zum Waldrand. Bei der Weggabel halbrechts und mit dem Zeichen grünes Kreuz durch Mischwald in ¼ Stunde zu einer Unterstandhütte. Über die

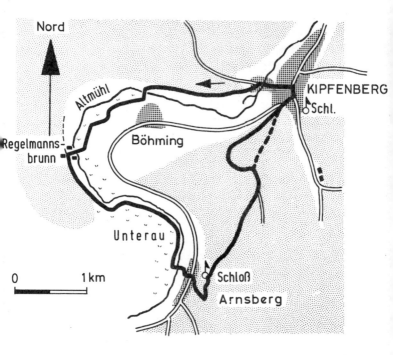

Wiesenlichtung zum Waldrand. Von dort entweder links und in weitem Rechtsbogen um den Michelsberg, oder (lohnender) geradeaus (gestrichelte Linie auf der Wegskizze) über den *Michelsberg* (vorgeschichtliche Wallanlagen) zum Kreuz mit herrlicher Aussicht. Kurz zurück, dann rechts die Steilkehren abwärts und unten rechts zum *Marktplatz*.
Weglänge 11 km.
Gehzeit 3 Stunden.
Gesamte Steigung etwa 150 m.
Wanderkarte 1 : 50 000 Naturpark Altmühltal, Blatt Mitte.
Einkehrmöglichkeiten Böhming (abseits), Arnsberg, Schloß-Restaurant (Montag Ruhetag).
Bemerkung: In Kipfenberg ein Schwimmbad.

6
Von Eichstätt auf den Frauenberg zur Willibaldsburg

Die alte Bischofsstadt *Eichstätt* ist schon seit dem frühesten Mittelalter der Hauptort des Altmühltales und gehört durch seinen bestens erhaltenen Residenzcharakter zu den sehenswertesten Städten in Oberbayern; 27 Kilometer von Ingolstadt, 78 Kilometer von Nürnberg, 24 Kilometer von Weißenburg. Bahn- und Busverbindungen mit Treuchtlingen und Ingolstadt.

Vom *Bahnhof* (Parkplätze) auf der *Bahnhofstraße* ein kurzes Stück, dann rechts über die Gleise und jenseits in die *Straße Frauenberg*. Nach einigen Metern halblinks in die *Sebastiansgasse*. Bergan, später durch die *Parkhausstraße* weiter steil ansteigen, bis halbrechts der *Kreuzweg* abzweigt und zur Marienwallfahrtsstätte *Frauenbergkirche* leitet. Der kleine barocke Zentralbau stammt von Gabriel de Gabrieli, seinerzeit Baudirektor am fürstbischöflichen Hof; vom Bahnhof 20 Minuten.

Anschließend auf dem breiten, begrasten Kammrücken des *Frauenberges,* der von einer langen Altmühlschleife umschlungen wird, in Richtung der Willibaldsburg. Links unten im Tal sehen wir

Willibaldsburg über der Altmühl

das Kloster Rebdorf – ebenfalls ein Werk von Gabrieli –, einst Sommerresidenz der Eichstätter Bischöfe.

Vor der Burg scharf rechts und mit einer Kehre hinab zur Straße, die links durch den Eingangstunnel in den Hof der *Willibaldsburg* führt. Sie wurde im 14. Jahrhundert als Schutzbefestigung der Bischöfe errichtet. In der ersten Häfte des 17. Jahrhunderts baute Johann Alberthal, von dem auch die Jesuitenkirche in Eichstätt

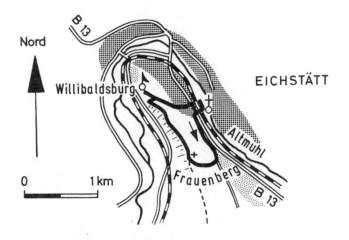

stammt, die Anlage nach Plänen des Augsburgers Elias Holl zum Schloß um, das bis 1725 als Residenz diente. Auftraggeber für diesen Umbau war Bischof Johann Konrad v. Gemmingen, nach dem der Bau benannt wurde. Heute kann man dort im *Jura-Museum* zahlreiche Schaustücke aus der Frühzeit des Altmühltales bewundern, bzw. in der Burgschenke »Brotzeit« machen; von der Frauenbergkirche ¼ Stunde.

Nach dem Verlassen des Burghofes nicht auf der Burgstraße weitergehen, sondern rechts davon auf einem Fußweg, der aber schon bald in die Straße mündet. Vor dem Kolpinghaus links und hinunter zur *Weißenburger Straße* und zum *Bahnhof*.

Weglänge 4 km.
Gehzeit 1 Stunde.
Gesamte Steigung etwa 100 m.
Wanderkarte 1:50 000 Naturpark Altmühltal, Blatt Mitte.
Einkehrmöglichkeit Willibaldsburg.
Bemerkungen: Hauptsehenswürdigkeiten in Eichstätt sind der Dom (wenige Minuten vom Bahnhof), der Residenzplatz mit dem Residenzbau und der Brunnenanlage, der dreieckig angelegte Marktplatz, das spätgotische Rathaus.

7
Im Wellheimer Trockental zu den Mauerner Höhlen

Wellheim, ein in seinem Kern reizvoller Marktflecken, überragt von einer Burg aus dem 12. Jahrhundert, wird am besten über Neuburg (23 km), Rennertshofen (13 km) oder Dollnstein (8,5 km) angefahren. Parkraum ist auf dem Marktplatz vorhanden, wo auch der Bus (Eichstätt – Rennertshofen) hält.

Auf der Burgstraße zur Pfarrkirche aus dem 12. Jahrhundert. Kurz danach, bei Haus Nummer 7 links von der Straße ab durch den Bogen des Torhauses der alten Marktbefestigung. Bei der folgenden Wegteilung halblinks ansteigen in einem Waldtälchen, wobei auf die Markierung grüner Punkt geachtet wird. Auf der Höhe links einem plattenbelegten Weg abwärts zum Waldrand folgen. An ihm rechts entlang in südlicher Richtung. Rechts sehen wir die Häuser von Gammersfeld. Etwa ¼ Stunde später wird ein Fahrweg betreten, mit dem wir links in den Wald eindringen. Nach etwa 450 Metern erreicht man eine Wegkreuzung (2 Rastbänke aus halbierten Baumstämmen). Dort rechts auf anfangs noch breitem Weg leicht abwärts. Dann ist der Weg stark überwachsen. Wir kommen zu einer Waldschneise. An ihrem rechten Rand weglos absteigen zum Waldrand, von dem es rechts zur Straße geht, die links nach Ellenbrunn führt. Wir bleiben auf ihr aber nur bis zum ersten Gehöft, denn dort zweigt rechts ein breiter Feldweg ab. Auf ihm etwa 10 Minuten geradeaus. In Höhe eines Bauernhofes (rechts) links zum Bahnkörper und rechts zu einem ehemaligen Steinbruch. Von dort an der Basis des Hanges zu den *Mauerner Höhlen* am Weinberg. Es handelt sich um prähistorische Wohnanlagen. Von hier jagten die Steinzeitmenschen den damals in diesem Gebiet lebenden Mammut, Höhlenbär, Bison und das Rentier; von Wellheim etwa 2 Stunden.

Auf dem Herweg zurück zur Straße Gammersfeld – Ellenbrunn. Auf der anderen Seite mit einem Feldweg auf der Talsohle links des Hüttinger Baches nach *Hütting.* Die auf einem Fels thronende Burg aus dem 11. Jahrhundert wurde im 15. Jahrhundert zerstört.

Wir sind nun schon seit einiger Zeit im Wellheimer Trockental,

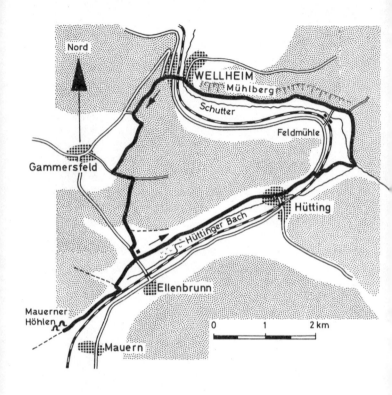

durch das einst die Ur-Donau strömte. Sie floß bis zur Rißeiszeit – dann nahm sie ihren heutigen Lauf – nördlich von Donauwörth über Rennertshofen und mündete bei Dollnstein in die Altmühl.

Auf der Straße etwa 10 Minuten in Richtung Wellheim. Dann rechts zum Bahnkörper – links ein Felsstock –, danach links ein Stück entlang der Schienen, worauf sich der Feldweg rechts hält und zur Öffnung des *Schuttertales* leitet. Über die *Schutter,* etwa 120 Meter vor dem Bauernhof scharf links und an der Basis des von vereinzelten Felsstöcken durchsetzten Hangwaldes weiter. Kurze Zeit später sind rechts an einem Fels noch deutlich die Auswaschungen der Ur-

Donau zu erkennen. Bald schwenkt die Route in Westrichtung ein. Wir lassen die Linksabzweigung des breiten Weges (zum Hof Feldmühle) unberücksichtigt und spazieren zu Füßen des Hanges und des Mühlberges nach *Wellheim,* wo an heißen Tagen ein Freibad köstliche Erfrischung bietet.
Weglänge 18,5 km.
Gehzeit 4¾ Stunden.
Gesamte Steigung etwa 150 m.
Wanderkarte 1:50 000 Naturpark Altmühltal, Blatt Mitte.
Einkehrmöglichkeiten Mauern (etwas abseits), Hütting.
Bemerkungen: Die auf der topographischen Karte eingezeichnete Markierung ist nur bis kurz oberhalb von Wellheim vorhanden. Nördlich von Wellheim befindet sich der berühmte Klettergarten von Konstein mit ansehnlichen Felsen.

8
Von Bittenbrunn zum Finkenstein

Die kleine Ortschaft *Bittenbrunn* liegt 2 Kilometer westlich von Neuburg am Südrand des Naturparkes Altmühltal. Vor der Gaststätte Kirchbaur an der Durchgangsstraße (Neuburger Straße) neben der Pfarrkirche kann geparkt werden.

Von der Wanderwegetafel auf der *Ringstraße* südwestwärts, kurz danach rechts in die *Weingartenstraße* einbiegen und geradeaus. Nach den Häusern am oberen Rand des Hochufers bleiben. Wo sich der Zaun links wendet, gehen auch wir links ein Stück abwärts. Weiterhin am oberen Rand der Böschung. Bald bietet sich ein schöner Blick zur Staustufe der Donau. Dann am oberen Rand der Wiese weiter, bis halbrechts ein schmaler Weg in den Wald führt. Mit ihm ansteigen zu einem breiten Weg, an dem Rastbänke stehen. Jetzt links in den Hochwald. Mit dem Erreichen des *Waldlehrpfades* wenden wir uns rechts und werden von Hinweistafeln begleitet. Nach 400 Metern links, etwa 5 Minuten später ein Quersträßchen kreuzen und jetzt jenseits im Wald weiter (rechts Park- und Kinderspielplatz). Kurz danach links in Richtung Finkenstein (Tafel). Wir bleiben auf dem breiten Weg und damit auf dem Waldlehrpfad. Etwas später erneut links und zum *Finkenstein,* einem Aussichtsplatz hoch über der hier gestauten Donau; von Bitterbrunn 1 Stunde.

Der Weiterweg vollzieht sich in östlicher Richtung am Rand des steilen Hochufers auf schattigem Weg durch Laubwald hinunter zur *Staustufe* – im Frühjahr ein Paradies für Wasservögel.

Am Waldlehrpfad

Auf dem Damm in ¼ Stunde flußabwärts zu den Schleusen. Dort kurz auf der Straße in Richtung Bittenbrunn, nach dem E-Werk bzw. vor einem Bauernhof rechts wieder zum Ufer und an der Donau entlang in 20 Minuten zum ideenreich gestalteten *Kinderspielplatz Fasanenschütt.* Davor links und auf einem Fahrsträßchen durch den Wald zur Neuburger Straße am Ortsanfang von *Bittenbrunn.*

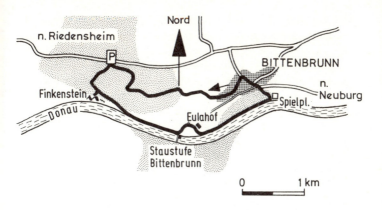

Weglänge 8 km.
Gehzeit 2 Stunden.
Gesamte Steigung etwa 800 m.
Wanderkarte 1:50 000 Naturpark Altmühltal, Blatt Mitte.
Bemerkungen: In Neuburg Residenzschloß (16. Jahrhundert), Vierflügelanlage mit Laubenhof; Schloßkirche (älteste evangelische Kirche in Bayern); Peterskirche (17. Jahrhundert, Hallenkirche); Hofkirche aus dem Jahre 1627; Provinzialbibliothek mit barockem Bibliothekssaal, in dem alljährlich die »Neuburger Barockkonzerte« stattfinden; Rathaus mit barocker Freitreppe; Heimatmuseum.

9
Von Oberwittelsbach nach Rapperzell

Einige Autominuten östlich von Aichach im altbayerischen Schwaben liegt auf einer Anhöhe über dem Paartal das Dorf *Oberwittelsbach*. Trotzdem es nicht mehr zum Regierungsbezirk Oberbayern gehört, wurde es im Führer aufgenommen, denn es ist mit dem Geschichts- und Kulturkreis Oberbayerns eng verbunden. In Oberwittelsbach trutzte nämlich bis 1209 die Stammburg der Wittelsbacher – sie waren vorher Grafen von Scheyern, siehe Wanderung 2 –, des bayerischen Herrschergeschlechtes zwischen 1180 (Otto IV. wurde Herzog von Bayern) und 1918 (Ludwig III. mußte abdanken). Aus Anlaß des Wittelsbacherjahres 1980 wurden auf dem Burggelände umfangreiche Grabungen vorgenommen, für die Erbprinz Albrecht von Bayern, der auf Schloß Berg am Starnberger See lebt (siehe Wanderung 21), 50000 Mark zur Verfügung stellte; mit dem gleichen Betrag beteiligte sich auch die Bayerische Landesstiftung. Auf dem Burgplatz steht die Marienkirche von 1418 mit Altären aus dem 17. Jahrhundert (Kirchenführungen im Haus Nr. 3 vor dem Burgplatz erfragen). Parkplätze sind in der Ortsmitte an der Kreuzung bei der Bushaltestelle (Verbindungen mit Aichach) vorhanden.

Zum Auftakt marschieren wir auf der *Veroneserstraße* ¼ Stunde in Richtung Untermauerbach. Dann links abbiegen (im Süden ist Untermauerbach zu sehen) und dem breiten Fahrweg ostwärts folgen, vorbei an einem Waldstück zur Wegteilung vor dem *Welschholz*. Halblinks weiter und in den Wald. Nach einer Weile sehen wir rechts unten den Straßbauerhof. Nun schlendern wir auf breitem Weg am Waldrand entlang. Die Route schwenkt in Nordrichtung ein, bleibt

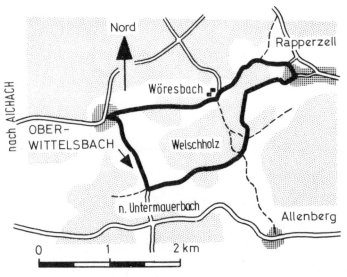

aber am Waldsaum. Im Osten tauchen die Häuser von Rapperzell, unserem nächsten Ziel, auf. Der Weg senkt sich. Am ersten Hof rechts vorbei und nach *Rapperzell;* von Oberwittelsbach 1¼ Stunden.

Wir gehen nur ein Stück ins Dorf. Vor Haus Nummer 24½ scharf links. Auf der Straße über die Kuppe, die das Kirchlein trägt, und hinunter zum *Rapperzellbach.* Etwa 50 Meter danach links auf einem Asphaltsträßchen in westlicher Richtung taleinwärts. In 20 Minuten erreichen wir den seit über einem Jahrzehnt verlassenen, einsam gelegenen Hof von *Wöresbach.*

Vom Wanderparkplatz (an der Stelle des einstigen Stadels) links an den Gebäuden vorüber. Bei der Weggabel geradeaus (nicht halblinks auf dem Forstweg!) zum Wald. Rechts folgt ein 1935 aufgestelltes Kreuz. Nach dem Verlassen des Waldes weist uns der Kirchturm von Oberwittelsbach das letzte Wegstück.

Weglänge 8 km.
Gehzeit 2 Stunden.
Gesamte Steigung 60 m.
Wanderkarte 1:50000 Blatt L 7532 Schrobenhausen.
Einkehrmöglichkeit Rapperzell (etwas abseits im Ort).

10
Von Bergkirchen über das Himmelreich nach Lauterbach

Weit grüßt der Kirchturm von *Bergkirchen* hinaus ins Dachauer Moos, zur Autobahn nordwestlich von München. Von der Ausfahrt Dachau/Fürstenfeldbruck sind es 4 Kilometer (über Feldgeding) in die Ortschaft, wo man am besten vor der Gaststätte Gross parkt; Bushaltestelle (Linie 321 Dachau – Sulzemoos – Odelzhausen).

Auf der *Römerstraße* in den Ort und bergan zur *Kreisstraße.* Rechts, vor der Gaststätte Pfeil, links in die *Fachastraße,* bei der Wegteilung kurz danach halten wir uns links, passieren einen Bauernhof und schlendern auf breitem Weg in nördlicher Richtung. Halbrechts werden die Häuser von Unterbachern sichtbar. Die Überlandleitungen unterschreiten und nach *Oberbachern,* das wir auf dem

Lindenweg erreichen. Auf der Dorfstraße links zur Kirche St. Jakob, einem einfachen Bau aus dem Jahre 1726, der 1955 renoviert wurde (Schlüssel gegenüber im Haus Nummer 51); von Bergkirchen 65 Minuten.

Auf dem gleichen Weg zurück zur ersten Anhöhe außerhalb des Dorfes. Dort zweigt rechts ein asphaltierter Weg (Reitverbot-Tafel) ab, auf dem wir westwärts laufen über den sanft gewölbten Rücken des *Himmelreiches*. Die Überlandleitungen erneut unterschreiten und immer geradeaus in den Wald. Die Richtung beibehaltend in leichtem Auf und Ab zur Straße, auf der wir links nach *Kreuzholzhausen* gelangen; von Bergkirchen 1¾ Stunden.

Am Ortsanfang halblinks in ein schmales Sträßchen und zur Wallfahrtskirche Hl. Kreuz, deren Grundmauern aus dem 12. Jahrhundert stammen. Deckenmalereien mit Szenen aus dem Leben des Kaisers Konstantin, Altarbild der Kaiserin Helena, der Mutter Konstantins (wenn geschlossen, Schlüssel im Haus Nummer 4 bei der Kirche oder im Mesnerhaus nördlich der Kirche).

Das Sträßchen senkt sich zu einer Querstraße (rechts das Gasthaus Bichler). Auf ihr links bergan, vorbei an einem Feldkreuz. Vor einem Waldstück teilen sich die Wege. Rechts, bei der Waldecke nicht links, sondern geradeaus weglos über das Feld zur nächsten Waldecke, einige Schritte am Waldrand entlang, dann in den Wald, einen Weg kreuzen und jenseits weglos den Hang hinunter zu einem Weg im Tal des *Samgrabens*. Neben dem Bächlein ein Stück talauswärts, dann rechts zur Straße und links nach *Deutenhausen*. Auf der *Hochfeldstraße*, bis rechts der *Kirchweg* abzweigt. Die ursprünglich spätgotische Kirche mit ihrem schmucklosen, achteckigen Turm ist dem hl. Nikolaus geweiht. In den Altären beachtenswerte gotische Schnitzfiguren (Schlüssel im Bauernhaus gegenüber dem Friedhofseingang); von Bergkirchen 2¼ Stunden.

Zurück zur Hochfeldstraße und rechts zum Kriegerdenkmal an der Straßenkreuzung. Links in die *Samstraße,* nach 100 Metern rechts der *Ringstraße* folgen in ¼ Stunde – halbrechts vorne hinter der Höhe des Riedelsberges der Kirchturm von Bergkirchen – zu den Häusern von *Bibereck*. Von dort zur *Kreisstraße*. Jenseits durch die *Kreuzstraße* zur *Johann-Michael-Fischer-Straße*. Sie führt zur Kirche

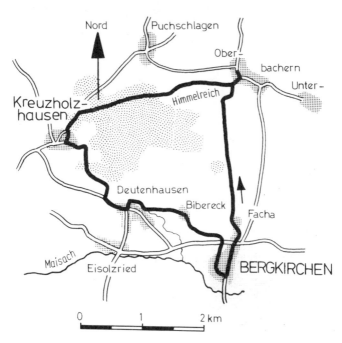

und erinnert an ihren Schöpfer, der während seines 75jährigen Lebens insgesamt »32 Gotteshäuser und 23 Klöster« schuf, wie auf seinem Grab in der Münchner Frauenkirche nachzulesen ist. Fischer, in Burglengenfeld geboren und Münchner Stadtbaumeister, vollendete die Kirche 1736 nach sechsjähriger Bauzeit (Schlüssel im Pfarrhaus nebenan).

Von der Friedhofsmauer genießen wir den herrlichen Blick über das Dachauer Moos und steigen anschließend auf einem Fußweg hinunter zur Gaststätte Gross.

Weglänge 12 km.   *Gehzeit* 3 Stunden.
Gesamte Steigung etwa 150 m.
Wanderkarten 1:50 000 Blatt L 7732 Dachau und Blatt L 7732 Altomünster.
Einkehrmöglichkeiten Oberbachern, Kreuzholzhausen, Deutenhausen.

Klosterkirche St. Ottilien

11
Von St. Ottilien über Eresing zur Ulrichskapelle

Die Klosterkirche *St. Ottilien* ist bereits von der B 12 in Höhe von Windach zu sehen. Von dort sind es nur noch 3 Kilometer südwärts zum eindrucksvollen frühgotischen Portal der Herz-Jesu-Kirche. Parkplätze gibt es auf dem Vorplatz (10 Minuten vom Bahnhof St. Ottilien der Strecke Augsburg – Weilheim).

Ehe wir mit dem Wandern beginnen, schauen wir ins Innere der 1899 im meisterhaften Zisterzienserstil der Frühgotik erbauten Klosterkirche mit ihrer beachtenswerten spätgotischen Madonna (Marienaltar) und einer kostbaren Pietà. Diesem hohen Innenraum fehlt natürlich der Jubel des in diesem Gebiet stark vertretenen Spätbarock, dafür besticht er durch ruhig wirkende Farben im gedämpften Licht, das matt durch die bemalten Glasfenster fällt und das Innere mit angenehmer Zurückhaltung erfüllt.

Eine gelbe Wegtafel zeigt uns die erste Etappe nach Eresing. Entlang der Umfassungsmauer spazieren wir dem nahen Mischwald entgegen. An seinem Ende erwarten uns Wiesen, und schon bald werden die ersten Häuser sichtbar. Bei der Wegteilung halten wir uns links und lassen uns vom Kirchturm zum Ortsmittelpunkt von *Eresing* leiten; ½ Stunde von St. Ottilien.

Hier steht auf einer Anhöhe die Kirche St. Ulrich, für deren Umbau (1756–1757) Dominikus Zimmermann verantwortlich zeichnete; der ursprüngliche Bau stammt aus dem 15. Jahrhundert. Wer sich Zeit nimmt, und das Gotteshaus besichtigt, erlebt glanzvollen Wessobrunner Stuck sowie meisterhafte Plastiken an den Altären und an der Decke ein buntbewegtes Gemälde der Ungarnschlacht von 955 auf dem Lechfeld.

Weiter zum 200 Jahre alten Marienbrunnen am Marktplatz, den, wie in oberbayerischen Landen üblich, der weiß-blaue Maibaum ziert. Kurz darauf zeigt uns das Straßenschild nach Windach den Weiterweg. Sobald wir die Häuser im Rücken haben, wird rechts am Waldrand die *Ulrichskapelle* sichtbar, zu der uns ein Wiesenweg bringt. Es ist ruhig an diesem Ort, von dem die Sage berichtet, Bischof Ulrich von Augsburg habe hier bei einer Romreise gerastet. Dabei sei an der Stelle des heutigen Brunnenhauses die Quelle entsprungen. Die Kapelle selbst, erst 1618 erbaut, steht hinter dem Brunnenhaus, kann aber leider nicht besichtigt werden.

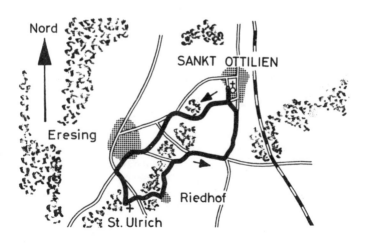

Links, nahe dem Waldrand, bringt uns ein schöner Spazierweg wieder auf die Straße. Auf ihr etwa 20 Meter leicht bergan, dann links in den schattigen Wald. Nach guten 5 Minuten, in Sichtweite des Gutes Riedhof, gehen wir vor einem Wegmarterl links bergan. Nach wenigen Minuten senkt sich der Waldweg leicht linkshaltend und bringt uns rechts durch einen breiten Hohlweg zu einem verschlammten Tümpel. An ihm rechts vorbei, anschließend weglos im Wald abwärts zu einer feuchten Wiesenniederung, nach der wir ein Fahrsträßchen betreten. Auf ihr ostwärts in etwa 10 Minuten zu einer Kreuzung. Nun links durch das Moorland mit verstreuten Torfhütten in Richtung der Benediktiner-Erzabtei, deren Hof wir ¼ Stunde später betreten; nicht ganz 1 Stunde von Eresing.
Weglänge 5,5 km.
Gehzeit etwa 1½ Stunden.
Gesamte Steigung 30 m.
Wanderkarte 1 : 50 000 Ammersee und Umgebung.
Einkehrmöglichkeit Eresing.
Bemerkung: Empfehlenswert ist ein Besuch des Missionsmuseums in St. Ottilien.

12
Von Landsberg über die Teufelsküche nach Pitzling

Die im Zentrum noch mittelalterlich anmutende Stadt *Landsberg* wird von den Bundesstraßen 17, 18 und 12 berührt. Bahnverbindung mit Augsburg (39 km). Besondere Sehenswürdigkeiten sind die Befestigungsanlagen, die Stadtpfarrkirche (17. Jahrhundert), die Johanniskirche (18. Jahrhundert) von Dominikus Zimmermann.

An der südlichen Lechbrücke an der *Herkomer-Straße* machen wir uns auf den Weg. Beim Gasthof zum Kratzer in das *Klösterl*. Nach dem Torduchlaß geradeaus durch die Eisentür zu einem Aquarium mit Lechfischen, die mit einem »Zehnerl« gefüttert werden können.

Eine Tafel zeigt zum *Wildpark*. Wir passieren das Gatter und halten uns gleich danach links. Auf dem *Wolfmüller-Weg* über Stufen steil bergan in wenigen Minuten zu einer Nagelfluhfelsbank, dem ersten Aussichtsplatz. Kurz danach wird der Wildpark verlassen. Nun am Rand des Hochufers südwärts mit roten Markierungstäfelchen am *Schlageter-Gedenkstein* vorbei in 20 Minuten zu einem waldbestandenen, trockenen Seitentälchen. Hier nicht rechts in den Wildpark,

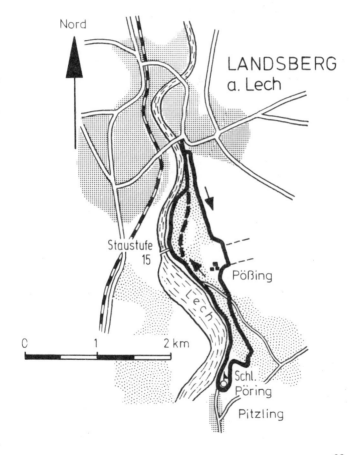

sondern links zu einem Feldfahrweg. Auf ihm rechts, nach 300 Metern nochmals rechts. Vor dem Spitalgut (der Stadt Landsberg) *Pössing* halblinks abwärts zu einem *Wanderparkplatz* in einer Kiesgrube.

Der breite Weg senkt sich zu einer Kreuzung mit Rastbank. Anschließend mit grünen Markierungstäfelchen auf breitem Weg mäßig bergan zum hochstämmigen Tannenwald. Eben dahin zu einer Weggabelung. Halbrechts weiter in leichtem Gefälle zu einer *Unterstandhütte*. Links davon hinunter zu einem kleinen, tiefgrünen Stausee, der sogenannten *Teufelsküche*. Jenseits der Staumauer erfolgt ein Gegenanstieg. Oben rechts halten zum Lech-Hochufer, wo eine Rastbank herrliche Blicke über den breiten Fluß vermittelt. In der Folge auf einem Pfad am Rand der Steilabbrüche zu einer Hochuferwiese. Rechts halten, wenig später auf einem Pfad halbrechts in den Hangwald und zur *Kirche Maria Versöhnung,* eine barocke Dreikonchenanlage des Wessobrunners Dominikus Zimmermann aus dem Jahre 1739 (Schlüssel im Haus Nummer 3, Schreinerei K. Faller). Die Kirche ist an das Schloß Pöring (privat, keine Besichtigung) angebaut und gehört der Schloßkapellenstiftung Pöring.

Von der Kirche auf einem Sträßchen zum ersten Haus (Nr. 3, Schreinerei K. Faller) von *Pitzling,* einem Stadtteil von Landsberg; von Landsberg 1¼ Stunden.

Vor Haus Nummer 3 rechts und hinunter zur Lechuferstraße bei einem Sägewerk. Hier wird der Rückweg angetreten. Nordwärts am seenbreiten Fluß entlang, vorbei an der *Gaststätte Teufelsküche* zum Eingang des *Wildparkes.* Jetzt entweder geradeaus (Gatter) durch den Wildpark, oder halblinks am Fluß entlang, die Staustufe 15 passierend, wieder zum *Klösterl.*

Weglänge 8 km.

Gehzeit 2 bis 2¼ Stunden.

Gesamte Steigung etwa 100 m.

Wanderkarte 1 : 50 000 Blatt L 7930 Landsberg.

Einkehrmöglichkeiten Pitzling (etwas abseits im Ort), Gaststätte Teufelsküche (im Winter nur an Wochenenden).

Bemerkungen: Badegelegenheit im Lech. Bei der Gaststätte Teufelsküche Bootsverleih.

13
Von Wessobrunn zum Engelsrieder See

An der Landstraße zwischen Weilheim (10 km, nächster Bahnhof) und Landsberg (26 km), zwischen dem Pfaffenwinkel und dem Ammersee, liegt in einer Mulde die Ortschaft *Wessobrunn,* bekannt durch die zahlreichen Künstler des Barock und Rokoko, die aus Wessobrunn kamen. Wir parken vor dem Gasthof zur Post am nördlichen Ortseingang gegenüber dem Kloster; Bushaltestelle der Linie Weilheim – Landsberg.

Auf der *Zöpfstraße* (Hauptstraße) durch den Ort, vorbei am Gasthaus zum Löwen. Nach Haus Nummer 26 halbrechts in die *Zimmermannstraße.* Rechts folgt Haus Nummer 4, das Geburtshaus (Gedenktafel) der Brüder Zimmermann: Johann Baptist (1680-1758), der Maler und Stukkateur und Dominikus (1685-1766), der Erbauer der Wieskirche.

Bei Haus Nummer 8 geradeaus weiter (König-Ludwig-Weg) und hinunter in den Tobel des *Schlittbaches.* Über die Holzbrücke und steiler Gegenanstieg zu einem Kreuz mit Rastbank. Nun weniger steil auf einem Wiesenweg zum ansehnlichen Gehöft *Pürschlehen;* von Wessobrunn etwa ½ Stunde.

Einige Meter abwärts, dann rechts einem asphaltierten Fahrweg folgend in ¼ Stunde zum Hof *Streberg.* Rechts daran vorbei und auf dem breiten Weg weiter, leicht bergan und dann auf der Höhe in schwach nordwestlicher Richtung. Rechts unten erstreckt sich das Naturschutzgebiet Rohrmoos, im Süden sehen wir den Hohenpeißenberg und dahinter die Alpenkette. Im Norden ist hinter den Tannenwipfeln zwischendurch der Turm der Kreuzkapelle zu erkennen, wo 955 der Wessobrunner Abt Thiento und sechs Mönche von den Hunnen enthauptet wurden.

Unsere Route bleibt auf der rechten Seite des *Rottbachtales.* Etwa 1 Stunde nach Pürschlehen steht rechts am Weg ein steinernes Kreuz mit Quellbrunnen. Linker Hand das Breite Moos, behalten wir noch ¼ Stunde die Richtung bei und halten uns rechts an den Rand des *Naturschutzgebietes Kappenzipfel.* Vor einem Wald schwenken wir rechts in einen breiten Weg ein, auf dem wir in 10 Minuten zum

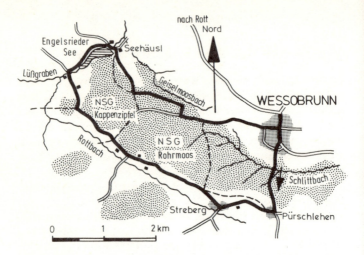

Lüßgraben gelangen. Wenige Meter nach dem Bach rechts in einen Weg und zum Ufer des *Engelsrieder Sees*. Wo sich der Weg links wendet, gehen wir rechts weglos an einem Zaun entlang unweit des Sees zu einem Sträßchen und rechts zum *Seehäusl;* von Wessobrunn etwa 2¼ Stunden.

Am Ufer zum Seeabfluß. Dort rechts halten und auf breitem Weg in die Mooslandschaft. Südostwärts, ein Stück am Drahtzaun einer Schonung entlang, dann rechts an einem Waldrand, bis der Weg rechts in den Wald eindringt. Kurz darauf bei einem Jäger-Hochsitz links auf einem Holzbohlenweg, ein Bächlein überschreiten und zu einem Waldsträßchen. Auf ihm links etwa ¼ Stunde geradeaus. Am Ende des Sträßchens rechts zur nächsten Forststraße. Erneut links in östlicher Richtung. Das Sträßchen führt rechts unterhalb des Stillerhofs vorüber. Im Süden zeigen sich schon wieder die Alpengipfel. Auf der *Feichtmayrstraße* (zum Gedenken an den Stukkateur Johann Michael Feichtmayr aus Haid bei Wessobrunn, um 1709–1772) in den Ort und links zurück zum Parkplatz.

Weglänge 13 km.   *Gehzeit* etwa 3½ Stunden.
Gesamte Steigung etwa 180 m.
Wanderkarte 1:50 000 Blatt L 8132 Wessobrunn.
Einkehrmöglichkeit Seehäusl (nur Verkauf von Flaschenbier).

Bemerkungen: Vor dem Gasthof zur Post steht ein Stein mit dem um 800 entstandenen »Wessobrunner Gebet«, einem der ältesten deutschen Sprachdenkmäler; das Original befindet sich in der Bayerischen Staatsbibliothek, München. Vom Kloster kann der »Fürstenbau« (Stuck von Johann Schmuzer) besichtigt werden. Pfarrkirche aus dem 18. Jahrhundert (Kirchenführer-Broschüre). – Badegelegenheit im Engelsrieder See.

14
Von Bayersoien durch die Ammerschlucht

Ungefähr in der Mitte zwischen der Echelsbacher Brücke und Saulgrub berührt die B 23 die Ortschaft *Bayersoien*. Die Bahn- und Postbusse halten vor dem Gasthaus Weißes Roß, wo auch Parkplätze zur Verfügung stehen.

Zum nahen Dorfbrunnen, an dem eine kleine Gedenktafel an Pater Ottmar Weis (1769–1843) erinnert, der zwischen 1811 und 1815 eine Neufassung des Oberammergauer Passionsspieltextes schuf; sein Geburtshaus steht unterhalb der Georgskirche.

Vom Maibaum durch die *Ludwigstraße* zur Überführung der B 23. Danach rechts einem Sträßchen folgen, das sich bald westwärts wendet. Tafeln (Ammer-Rundweg) zeigen zur Soiernmühle: Über Wiesen zum Uferwald und steil hinunter zur Ammerbrücke; von Bayersoien ½ Stunde.

Unterhalb eines Wasserfalles bzw. vorbei am Haus der ehemaligen Soiernmühle ansteigen in 5 Minuten zum Hochufer. Dort links auf schmalem Pfad in Richtung Schleierfälle (Tafel). Die Route hält sich an die Steilabstürze des Hochufers, das von den Wassern der Ammer umspült wird. Nach ¼ Stunde zweigt halblinks ein Steig ab, der hinunterleitet zu einer reizvollen Uferwiese.

Anschließend mit den roten Markierungen wieder bergan. Wir bleiben ein kurzes Stück am Rand des Hochufers, bis links ein weiterer, mit einem Geländer gesicherter Steig wieder zur Ammer führt. Flußaufwärts, um eine Felsecke (Eisenstifte, Drahtseil) herum und weiter unmittelbar an der *Ammer* entlang, stellenweise mit Draht-

seilen versichert, zu den *Schleierfällen,* einem idyllischen Platz; von Bayersoien 1¼ Stunden.

Von den Wasserfällen kurz zurück, nach den Felsstöcken halblinks auf einem Pfad ansteigen. Oben links halten und erneut dem Hochufer folgen. Wir achten auf die roten Markierungen an den Bäumen. Wald und Wiesen wechseln sich ab. Nach einiger Zeit werden drüben die Häuser von Peustelsau sichtbar. Schließlich links abwärts, über den Kanal des E-Werkes und vollends hinab nach *Kammerl* zur Ammerbrücke, bei der die Wildwasserfahrer einsetzen.

Nach der Brücke bergan in ¼ Stunde zum Gasthof des Weilers *Achele* (von Bayersoien 2¼ Stunden). Etwas später überschreiten wir einen Bach. Danach links auf einem Feldweg ansteigen. In 10 Minuten wird die Kuppe betreten. Nun senkt sich der Weg. Wo er eine

Linkskurve beschreibt, gehen wir rechts zum Waldrand. Hier erklärt eine Tafel den Weiterweg. Nach dem Wald über Wiesen zu einem Feldkreuz mit Rastbank. Auf dem Wiesenweg mäßig abwärts, an einer Scheune vorüber und anschließend rechtshaltend leichter Gegenanstieg.

Vor dem ersten Haus halten wir uns links und folgen der Straße unter der Bundesstraße hindurch. Linkshaltend in den Ort. Kunstfreunde werfen einen Blick in die spätgotische, barockisierte Pfarrkirche. Über der Pfarrhaustür ein beachtenswertes, über 500 Jahre altes Holzrelief.

Weglänge 11 km.
Gehzeit 3¼ Stunden.
Gesamte Steigung etwa 350 Meter.
Wanderkarte 1:50000 Oberammergau und Umgebung.
Einkehrmöglichkeit Achele.
Bemerkungen: Nach längerem Regen ist der Weg an der Ammer rutschig und feucht. Badegelegenheit im Soiener See.

Passionsspielhaus Oberammergau mit Kofel

15
Von Oberammergau auf den Kofel

Das Passionsspiel hat dem 5000 Einwohner zählenden Luftkurort *Oberammergau* zu weltweiter Popularität verholfen. Alle zehn Jahre (1980, 1990 usw.) wird es aufgeführt, mit annähernd 1000 Mitwirkenden, gebürtigen Oberammergauern; die Frauen müssen unverheiratet und dürfen nicht älter als 35 Jahre sein. Mit dem Passionsspiel wird ein Gelübde erfüllt, das die Oberammergauer in der Not-

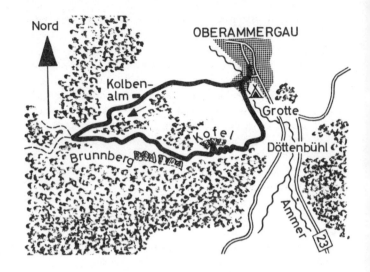

zeit des Dreißigjährigen Krieges ablegten, nachdem in kurzer Zeit 84 Menschen an der Pest gestorben waren. Typisch für den Ort sind die farbenprächtigen »Lüftlmalereien« von Franz Xaver Zwinck an den Fassaden zahlreicher Häuser. Westlich der Pfarrkirche, jenseits des Mühlbaches steht vor dem Hotel Böld ein großer Parkplatz zur Verfügung (10 Minuten vom Bahnhof, Strecke Murnau–Oberammergau). Dort beginnt die Kofel-Tour.

Über die *Ammer* und auf der *König-Ludwig-Straße* ansteigen. Vor dem Gästehaus Broekels halten wir uns links und folgen dem Fahrsträßchen (oder dem rechts davon verlaufenden Pfad) zur *Kolbenalm* (1090 m); vom Parkplatz 35 Minuten.

Nun im Bergwald aufwärts. Bei der Wegteilung 10 Minuten später halblinks neben einem Wildbach in ½ Stunde hinauf zu einer *Unterstandhütte*. Links weiter auf dem *Königssteig,* einem aussichtsreichen, genußvollen Hangpfad. Ohne nennenswerte Steigungen erreichen wir in ½ Stunde den *Kofelsattel* (1216 m) und eine Unterstandhütte.

Empor zum felsigen Gipfelaufbau. Ein Stück drahtseilgesichert, dann auf schmalem Steig durch Schrofengelände in die luftige Nordseite des Berges hoch über Oberammergau. Drahtseile und Eisenklammern helfen uns vollends hinauf zum Gipfel des *Kofel* (1341 m), einem allseits steil abbrechenden Kalkriff; von Oberammergau 2 Stunden.

Wieder unten im Kofelsattel, vertrauen wir uns dem Serpentinenweg an, der steil im Bergwald abwärts in ½ Stunde zur Wiesenfläche der *Kälberplatte* führt. An ihrem unteren Rand durch ein Zaungatter und hinab zum kleinen Parkplatz am Döttenbühl. Damit sind wir wieder im Tal und schlendern links auf der Straße zur Ammerbrücke und zum Parkplatz.

Weglänge 7,5 km.
Gehzeit etwa 3 Stunden.
Gesamte Steigung 520 m.
Wanderkarte 1:50000 Werdenfelser Land.
Einkehrmöglichkeit Kolbenalm (Montag Ruhetag).
Bemerkung: Gipfelaufstieg nur für Trittsichere und Schwindelfreie.

Partnachklamm

16
Von Garmisch-Partenkirchen über das Oberreintal zum Schachen

Mit dieser Tour ist ein Tag voll ausgefüllt, sofern man es nicht vorzieht, einmal zu übernachten.

Vom *Olympia-Skistadion* (Parkplätze, Ortsbus-Haltestelle, 20 Minuten vom Bahnhof) entlang der Partnach in 25 Minuten zum Gasthof Partnachklamm und von dort in 5 Minuten zum Eingang der *Partnachklamm.* Das Rauschen der sich durch die Enge zwängenden Partnach umfängt uns. Im Laufe von Jahrtausenden haben sich die Bergwasser eine 70 Meter tiefe Schlucht aus dem Muschelkalk herausgefressen. Früher gab es in der Klamm einen gefährlichen Triftpfad, seit 1912 ist sie durch eine bequeme Steiganlage erschlossen und kann zeitweise auch im Winter besichtigt werden, wenn riesige Eiszapfen von den Felswänden herabhängen.

Nach ¼ Stunde gibt uns das Halbdunkel frei. Wir folgen der Partnach, überschreiten dann rechts den *Ferchenbach* und erreichen eine Forststraße, auf der wir durch das *Reintal* etwa 1½ Stunden wandern. Kurz nach dem Überschreiten des *Reintalbaches* wenden wir uns links und vertrauen uns dem Alpenvereinsweg an, der sich in scheinbar endlosen Kehren zur Höhe windet, in ¾ Stunden zum nördlichen Rand des *Oberreintales,* dem urwildesten Platz im ganzen Wettersteingebirge.

Wo links der Weg zum Schachen abzweigt, steigen wir rechts weiter an durch Latschen in knapp ½ Stunde zum hinteren Oberreintalboden, auf dem sich unter Bergahornen und von einem phantastischen Felszirkus umgeben die *Oberreintalhütte* (1530 m) versteckt; vom Skistadion 3¼ Stunden.

Der Weiteraufstieg heißt *Schachenweg.* Die Abzweigung kennen wir inzwischen schon. Danach wird der *Reintalbach* überschritten und linkshaltend angestiegen. Streckenweise versichert und am Schluß in Serpentinen, kommen wir auf den *Schachen* (1876 m). Das Schloß hat König Ludwig II. erbauen lassen, 1871, als er 25 Jahre alt war; es kann besichtigt werden. Unterhalb befindet sich der »Alpengarten« und das *Schachenhaus;* von der Oberreintalhütte etwa 1¼ Stunden.

Wer noch höher hinauf will, kann in 1¾ Stunden zur *Meilerhütte* (2376 m) aufsteigen.

Gemütliche kehren im Schachenhaus ein und machen sich erst dann an den Abstieg. Zunächst folgen wir ½ Stunde dem *»Königsweg«* oberhalb des Schachensees (links) zu einer Wegtafel. Bei ihr verlassen wir den »Königsweg« links und wandern, nun steiler, entlang der Telefonmasten im Hochwald abwärts zur kleinen Wald-

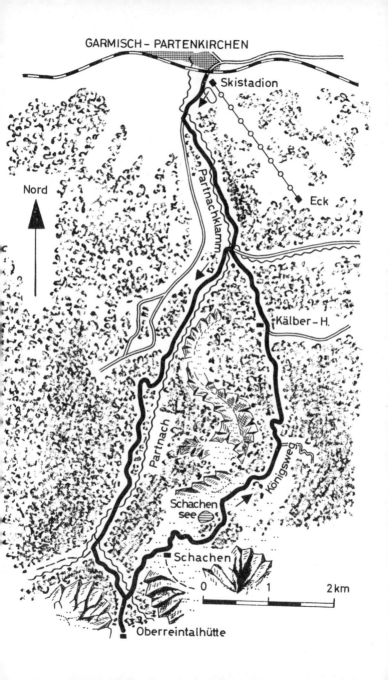

lichtung mit der *Kälber-Hütte* (1235 m). Am Nordrand der Lichtung wieder in den Wald und kehrenreich hinunter zum *Ferchenbach,* der rechts überschritten wird. Es folgt ein letzter kurzer Anstieg, worauf wir durch die *Partnachklamm* hinausschlendern zum Skistadion.

Weglänge 21 km.

Gehzeit 7 Stunden.

Gesamte Steigung 1170 m.

Wanderkarte 1:50 000 Werdenfelser Land.

Einkehrmöglichkeiten Oberreintalhütte (Übernachtung, bewirtschaftet von Mai bis Oktober), Schachenhaus (Übernachtung, bewirtschaftet von Juni bis Oktober).

Bemerkung: In der Oberreintalhütte werden mitgebrachte Speisen warm gemacht, Essen kann jedoch nicht gekauft werden.

Mittenwald mit Westl. Karwendelspitze

17
Von Mittenwald über die Westliche Karwendelspitze ins Dammkar

Eingebettet zwischen Wetterstein- und Karwendelgebirge erleben wir in Mittenwald eine mit landschaftlichen Reizen gesegnete Talweitung der Isar. Infolge seiner Lage an der alten Römer- und Handelsstraße gelangte es schon 1487 zu Bedeutung. Die venezianischen Kaufleute hatten sich nämlich mit den Bozener Kaufleuten zerstritten und die dortigen Märkte an die Isar verlegt. Diese Glanzzeit dauerte bis 1679 und brachte Mittenwald blühenden Handel und Ansehen; dann kamen die Märkte wieder in die Talferstadt. Statt ihrer brachte Matthias Klotz den Geigenbau aus Italien in das schon 1080 urkundlich erwähnte Dorf und bewirkte neuen Aufschwung. Zu der von Hitler geplanten Autobahn Berlin-Rom - sie hätte Mittenwald berührt - kam es allerdings nicht mehr, dafür ist 1969 die notwendige Umgehungsstraße eingeweiht worden.

Die beschriebene Bergfahrt wird beim *Gasthof Raineck* (Parkplätze) angetreten, 10 Minuten vom Bahnhof (Strecke Garmisch-Partenkirchen-Scharnitz) bzw. östlich über der Isar. Beim Wegweiser etwas oberhalb vertrauen wir uns rechts dem »Karwendelsteig« an. Er führt zunächst eben, bald aber schon steil werdend durch ein Geröllbett und stetig ansteigend zur Höhe. Rechts zweigt der »Leitersteig« ab. Wir steigen jedoch links auf den Serpentinen durch den Hochwald an zur *Mittenwalder Hütte* (1518 m); 2 Stunden von Mittenwald.

Hinter der Hütte - eine Rechtsabzweigung bleibt unberücksichtigt - streben wir rechtshaltend einem Felsgrat zu und überqueren dann, links ansteigend (Drahtseilversicherungen), durch Latschen hinüber ins steile Kar der »Wanne« zu Füßen der Westlichen Karwendelspitze. Fast gerade bringt uns der Weg hinauf zum Felsplateau der Karwendelgrube.

Von der *Seilbahn-Bergstation* ist bereits das Gipfelkreuz der *Westlichen Karwendelspitze* (2385 m) zu erkennen. Der Aufstieg dorthin verläuft anfangs in Kehren, zum Schluß über Fels, durch Drahtseile gesichert, zum Gipfel, einem vielgelobten Aussichtspunkt; von der Seilbahnstation ¼ Stunde.

Ein Stück auf dem Aufstiegsweg zurück. Wo sich dieser zur Seilbahnstation hin wendet, gehen wir rechts über die *Obere Dammkarscharte* (2319 m) und anschließend auf einem steilen Zickzackweg hinunter zur *Unteren Dammkarscharte,* bei der uns das eindrucksvolle *Dammkar* aufnimmt. Auf gut erkennbarem Weg durch grobes Geröll weiter absteigen durch eine gigantische Felslandschaft.

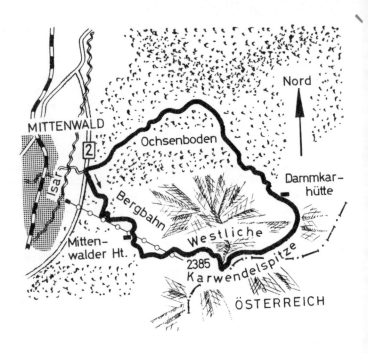

Rechts der mächtige Kalkstock der Tiefkarspitze, links die Karwendelköpfe und die Kreuzwand, zwischen denen das Viererkar eingebettet ist.

In der *Dammkarhütte* erwartet uns schon Heini Hornsteiner, Besitzer sowie bester Kenner des Gebietes. Wenn Sie wissen möchten, wie die umstehenden Gipfel und Zacken heißen, er gibt Ihnen gerne Auskunft.

Von der Hütte absteigen zum Materiallift. Links oben die Nordwand der Viererspitze – sie hat ihren Namen durch die schwarzen Wasserstreifen in Form eines Vierers –, durch die eine extreme Kletterroute verläuft, die der Autor des Führers in unangenehmer Erinnerung hat – von einem 30-Meter-Sturz her.

Anschließend auf breitem Weg mit Blicken auf das Wettersteingebirge. Unter der Umgehungsstraße (B 2) hindurch und linkshaltend zum »Raineck«.

Weglänge 9,5 km.

Gehzeit 7 Stunden.

Gesamte Steigung 1500 m.

Wanderkarte 1:50 000 Blatt L 8532 Garmisch-Partenkirchen.

Einkehrmöglichkeiten Mittenwalder Hütte (Alpenverein, Übernachtung, bewirtschaftet von Mitte Mai bis Mitte Oktober), Seilbahn-Bergstation, Dammkarhütte (Übernachtung, bewirtschaftet von März bis Oktober).

Bemerkungen: Günstigste Jahreszeit etwa ab Ende Juni bis September. Übernachtung am besten in der Mittenwalder Hütte. Bei der Auffahrt mit der Seilbahn (erste Fahrt um 8 Uhr) verkürzt sich die Gehzeit um etwa 4 Stunden.

Ramsachkirchlein

18

Von Murnau durch das Murnauer Moos

Der Luftkurort *Murnau* – 70 Kilometer südwestlich von München – bestand schon zur Römerzeit als Siedlung. Gründer des Marktes war Herzog Heinrich der Löwe im 12. Jahrhundert. Parkplätze finden Sie abseits der Durchgangsstraße, zum Beispiel vor dem Verkehrsamt am Burggraben; 10 Minuten vom Bahnhof (Strecke München–Weilheim), 100 Meter südlich der Bahn-Postbus-Haltestelle »Post«.

Auf dem *Burggraben* abwärts zum Haus Nummer 42. Dann rechts, ansteigend über die Bahnlinie zu einem Fußweg, der die Straße ablöst. Eine schattige Eichenallee senkt sich am Hang des Moränenrückens. Nach 10 Minuten rechts, eben am Hang dahin und schließlich noch einmal bergab in wenigen Minuten zum *Ramsachkirchlein* (20 Minuten vom Verkehrsamt), das der Volksmund »Ähndl« nennt. Die kleine, dem hl. Georg geweihte Kirche am Nordrand des Murnauer Mooses gilt als eines der ältesten Gotteshäuser Deutschlands: an der bemalten Empore steht die Jahreszahl 750; der Neubau erfolgte 1740.

Unterhalb der Gaststätte geht es auf einer Brücke über die *Ramsach*. Neben ihr dringen wir immer tiefer ins *Murnauer Moos* ein, wobei wir uns an den breiten Fahrweg halten. Eine zauberhafte Landschaft umgibt uns, vor allem im Herbst, wenn sich das Schilfgras färbt und zu glühen scheint. Im Frühjahr allerdings, während der Schneeschmelze oder bei Hochwasser der Loisach bietet das weite Moorbecken den Anblick eines späteiszeitlichen Sees. – Wußten Sie, daß es das ausgedehnteste (32 km²) und feuchteste Moor Süddeutschlands ist und überdies die größte Moortiefe (bis zu 15,5 m) in ganz Bayern aufweist?

Etwa ¾ Stunden folgen wir dem Fahrweg entlang der Ramsach. Nach einem kleinen Silo kommen wir an den *Lindenbach;* unser neuer Begleiter für die nächste halbe Stunde. Über 800 Blütenpflanzenarten existieren im Murnauer Moos; noch bedeutender ist sein Tierreichtum – über 3000 Arten, von der Heuschrecke bis zum Hirsch.

Wo rechts eine Brücke aus Holzbrettern über den Bach führt, folgen wir links seinem Ufer auf schmalem Pfad durch das Schilfgras. Aufgeschreckt fliegen Wildenten hoch, im brackigen Wasser tummeln sich Frösche und Fische. Etwa 20 Minuten später betreten wir wieder festen Boden. Auf der Straße wird die Tour am Westrand des Moores in südlicher Richtung fortgesetzt, etwa ½ Stunde lang. Dann verlassen wir die Straße links und gelangen in etwa 10 Minuten zum *Hartsteinwerk Werdenfels* an der Basis des *Langen Köchel,* einem bewaldeten, dem Moos entragenden, Hügel.

Als nächstes unterschreiten wir die Förderbahn, kommen am Waldrand des *Weghausköchel* vorbei und folgen der Fahrstraße in ¾ Stunden nach *Weghaus,* einem Weiler mit Kapelle; von Murnau 3¾ Stunden.

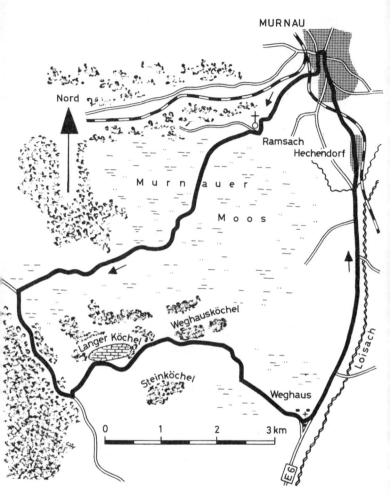

Auf der alten *Olympiastraße* marschieren wir in nördlicher Richtung, unter Bayerns längster Brücke (1,3 km), die von 154 Einzelstützen getragen wird, hindurch und in 1 Stunde zur Abzweigung der Straße nach *Hechendorf*. Knapp ¼ Stunde muß noch angestiegen werden, dann sind wir bei der Pfarrkirche St. Anna mit einem gotischen Turm und gebrochenem Satteldach; von Murnau etwa 5 Stunden.

Ab hier auf der *Murnauer Straße* zur Bahnunterführung. Dahinter die Böschung hoch und durch eine Allee den *Kapfenberg* hinauf zur *Seidlstraße,* die in den *Unteren Markt* (Haupt- und Durchgangsstraße) mündet. Wir passieren das Rathaus und kommen zur Maria-Hilf-Kirche, einem Barockbau des 18. Jahrhunderts. Gleich danach hilft uns eine Fußgängerampel über die Straße, worauf uns die *Postgasse* hinauf zum Parkplatz bringt.

Weglänge 22 km.
Gehzeit etwa 5¾ Stunden.
Gesamte Steigung etwa 100 m.
Wanderkarte 1:50 000 Blatt L 8332 Murnau.
Einkehrmöglichkeiten Beim Ramsachkirchlein, Hechendorf.
Bemerkungen: Nur bei trockenem Wetter bzw. nach längeren Regenpausen.

Am Ostersee

19
Von Staltach um die Osterseen

In die Moor- und Moränenlandschaft südlich von Seeshaupt im Bereich des ehemaligen Starnberger Sees eingebettet und abseits der Autostraße verbergen sich 21 kleine Seen, von denen der größte (nach der germanischen Göttin Ostara), der Ostersee, auch den übrigen seinen Namen gegeben hat. Es ist eine einsame, eigenwillige Landschaft, die ihre Entstehung der Eiszeit verdankt und heute unter Naturschutz steht. Während die nördlichen Seen, der Ur-, Garten-,

Gröben-, Luft- und Stechsee nur geringe Tiefen aufweisen, sind die südlichen nach den neuesten Messungen meist stark eingetieft, besonders der 1,22 Quadratkilometer große Ostersee, der in seinem überaus verwirrten Grundrelief die Formen der Landoberfläche fortsetzt: Inseln und helle Seichtwasserstreifen zeichnen die untergetauchten Verlängerungen der Geschiebewälle.

Vom *Bahnhof Staltach* (Strecke München–Kochel), unweit der Straße Seeshaupt–Penzberg (7 km südlich von Seeshaupt), bei dem Parkplätze vorhanden sind, ist es nicht weit zu den ersten Häusern von *Iffeldorf,* dessen Hofmark nach dem Dreißigjährigen Krieg dem Kloster Wessobrunn gehörte. Nach 10 Minuten auf der *Staltacher Straße* wechseln wir rechts auf die *Osterseenstraße* über. Auf ihr bis Haus Nummer 11. Davor rechts auf einem Fußweg zur barocken Pfarrkirche *St. Vitus.* Damit sind wir im Herzen der 1341 erstmals als »Üffeldorf« erwähnten Ortschaft, in der heute 1800 Menschen leben.

Vom St.-Vitus-Platz geht es auf der *Jägergasse* abwärts und bei der Linkskurve gerade weiter über den Parkplatz Fischerhaus. Rechter Hand glänzt der Wasserspiegel des über 6 Meter tiefen *Sengsees.* Wir folgen dem Wiesenweg, haben bald im Vorblick den *Fohnsee,* kommen über den *Steinbach* und gelangen auf einen Fahrweg. Der Parkplatz am kleinen Brückensee bleibt zurück; der Fahrweg ist ab hier für Kraftfahrzeuge gesperrt. Mischwald nimmt uns auf. Wo sich die Wege teilen, spazieren wir rechts weiter (Markierung: roter Kreis). Während der nächsten 20 Minuten kann dieser Weg nicht mehr verfehlt werden; dann sind wir beim *Gasthaus Lauterbacher Mühle* auf einem Moränenhügel über dem *Ostersee;* nicht ganz 1¼ Stunden von Staltach.

Ab dem Gasthaus-Parkplatz lassen wir uns den Weiterweg rechts von einem Teersträßchen zeigen. Wir passieren das nordwestliche Ende des *»Eishaussees«,* wie dieser Teil des Ostersees auch genannt wird, und sind 10 Minuten später auf der Autostraße Seeshaupt–Kochel. Nun rechts über den Abfluß des Ostersees in den sich linker Hand ausbreitenden Stechsee. Nach 200 Metern erneut rechts umschwenken, auf einem schmalen Weg durch eine Waldschneise, über den Schienenstrang (Vorsicht!) und linkshaltend entlang dem Waldrand. Rechts wird wieder der Ostersee sichtbar und die lang-

gestreckte Marieninsel. Zwischen ihr und dem Ostufer ist der See am tiefsten: 30 Meter.

Etwa 500 Meter weiter südlich treten wir in einen anfangs hochstämmigen Tannenwald ein, lassen eine Wegkreuzung hinter uns, wonach sich der Weg im Laubwald senkt und am Ostufer des *Staltacher Sees* links umbiegt. Wir kommen zum Gut der Familie von Maffei (Krauss-Maffei) und folgen dahinter rechts einem Teersträßchen zum Bahnhof.

Weglänge 11 km.
Gehzeit 2¾ Stunden.
Gesamte Steigung 30 m.
Wanderkarte 1:50 000 Starnberger See und Umgebung.
Einkehrmöglichkeiten Iffeldorf, Lauterbacher Mühle.
Bemerkungen: Badegelegenheit; auch als Winterwanderung lohnend. Die Route ist teilweise gleichlaufend mit ADAC-Rundwegen.

Kloster Andechs

20
Von Herrsching über die Leitenhöhe nach Andechs

Herrsching erstreckt sich entlang der gleichnamigen Bucht am Ostufer des Ammersees. Einst ein kleines Fischerdorf am Schatten des Andechser Berges, rühmte es der Maler Karl Stieler Ende des letzten Jahrhunderts als eine »vollendete Idylle«. Zwischenzeitlich beherrscht der Tourismus den Luftkurort an der Endstation der S-Bahn-Linie 5 von München.

Das Fahrzeug bleibt auf dem Parkplatz der *Eulenspiegel-Bar* (10 Minuten östlich des Bahnhofs) südlich unterhalb der Pfarrkirche St. Martin. Dort, in der »oberen Kirche«, wie sie von den Einheimischen genannt wird – sie wurde vermutlich inmitten eines mittelalterlichen Burgstalles erbaut –, erwartet uns am Hochaltar eine beachtenswerte Muttergottesstatue und darüber, in einer Nische, der hl. Martin (16. Jahrhundert). Sehenswert ist im linken Seitenaltar auch eine Pietà; vor dem Sebastiansaltar (rechts) war früher die Familiengruft der Hundtsberger, des hiesigen Ortsadelsgeschlechtes, das im heutigen Gasthaus zur Post seinen Sitz ab 1248 hatte.

Zuerst steigen wir mit der *Leitenhöhe* an. Etwa 10 Minuten, dann geht es eben weiter zu einer Weggabelung. Nun heißt es wieder ansteigen, und zwar links zu einer aussichtsreichen Ruhebank. Bei der nächsten Wegteilung wieder links und nach 5 Minuten, auf einer

Kuppe, neuerlich links. Danach wird der Blick frei hinunter ins Kiental, das die beiden Moränenrücken trennt und durch das sich der Kienbach schlängelt. Bald wird der »Bayerische Monte Casino« sichtbar: zwischen Mischwäldern leuchtet der 60 Meter hohe gotische Achteckturm der Klosterkirche von Andechs auf dem gegenüberliegenden Moränenrücken.

Etwas später wechseln wir links auf einen breiten Wanderweg über, der uns nach 10 Minuten auf einer Wiese abliefert. Nach weiteren 10 Minuten direkt südwärts sehen wir vor uns das Dorf Erling. Wir steigen ein kurzes Stück abwärts, bis vor dem ersten Haus links der »Jägersteig« ins romantische *Kiental* hinunter führt.

Eine Brücke bringt uns über den rauschenden Kienbach. Links kommen wir an den Resten einer alten Sägemühle vorbei, wonach uns rechts der letzte Aufstieg erwartet. Aber schon 10 Minuten später stehen wir vor einem der großartigsten Werke des bayerischen Rokoko (Spätbarock), der Klosterkirche von Andechs. Betreten wir den Innenraum: Links geht es zur Krippe bzw. hinauf zum Turm (herrlicher Rundblick), über uns ein meisterhaftes Deckengemälde und kunstvolles Stuckwerk des Wessobrunners J. B. Zimmermann, dem auch der Hochaltar zugeschrieben wird. In diesem weihevollen Raum bzw. im Klosterbereich kann man, sofern man Kunstkenner ist oder sich dafür interessiert, gut einen halben Tag verbringen; Kirchenführer und einschlägiges Schrifttum sorgen für ausreichende Unterrichtung.

Insgesamt liegen jetzt 1½ Wegstunden hinter uns, Grund genug, im Klosterstüberl »Brotzeit« zu machen. Seit 1455 wird hier das Andechser Bier ausgeschenkt, und wenn wir es uns im heimeligen »Grützner-Stüberl« schmecken lassen, sind wir am richtigen Platz.

Beim Rückweg spazieren wir links abwärts, passieren die Ökonomiegebäude, schwenken bei einem Turm der Klostermauer links um und kommen durch den »Thiergarten« zu einem schmalen Hochuferweg, der uns rechts (nördlich) in 10 Minuten zum *Ochsengraben* führt. Hier senkt sich der Weg; oberhalb der Schlucht halten wir uns links und steigen hinunter auf den breiten Weg durchs Kiental. Auf der bereits 1853 angelegten Straße, dem Aufstiegsweg der Pilger, spazieren wir gemütlich abwärts. Kurz vor dem Ortseingang von

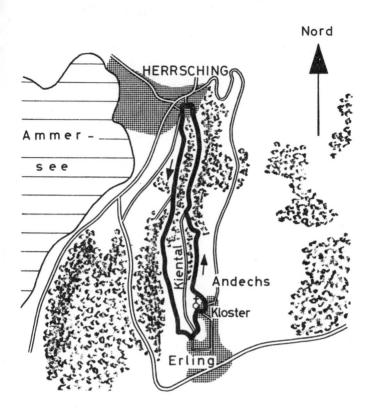

Herrsching verengt sich das Tal: Philip Apian, dessen Bayernkarte 1566 gedruckt wurde, nennt diese Passage »Berner Clausen«.

Etwas später umrunden wir die Martinskapelle im Linksbogen und steigen ein letztes Mal bergauf zum Parkplatz.

Weglänge 7 km.
Gehzeit 2¼ Stunden.
Gesamte Steigung 170 m.
Wanderkarte 1:50000 Ammersee und Umgebung.
Einkehrmöglichkeit Andechser Bräustüberl.

21
Von Starnberg über Possenhofen und mit dem Schiff nach Leoni

Als erstes gehen wir neben dem Bahnhof (S 6 von München) von *Starnberg* durch die Unterführung zur Seepromenade.

Vom Dampfer-Anlegesteg rechts auf der gepflegten Promenade zum Undosabad (mit Restaurant). Dahinter setzt sich der Promenadenweg am Ufer fort. Aber schon bald drängen uns Privatgrundstücke vom See ab. Auf dem Unteren Seeweg spazieren wir mit dem Bahndamm südwärts zu einer Unterführung der Westuferstraße. Nun bleibt uns nichts anderes übrig, als während der nächsten halben Stunde dem Asphaltband zu folgen. Nach dem »Paradies« (Bad und Erfrischungskiosk) verlassen wir die Straße links und dringen in die prachtvollen Parkanlagen von *Possenhofen* ein. Bald wird rechts das zinnenbewehrte Renaissanceschlößchen sichtbar, in dem die spätere Kaiserin Elisabeth (»Sissi«) von Österreich, verehrt von Ludwig II., ihre Jugend verbrachte. Sie war die Tochter Herzog Maximilians von Bayern.

Unmittelbar nach dem Verlassen des Parkes biegen wir scharf links um zum Anlegesteg der Schiffe; von Starnberg 1¼ Stunden.

In *Leoni* spazieren wir links in 10 Minuten zum Schloßpark von *Berg*. Linkshaltend zum See (Badeplätze) und an seinem Ufer bis zu der Stelle, wo einige Meter im See das Kreuz steht, in dessen Nähe König Ludwig II. am 7. Juni 1925 ertrank.

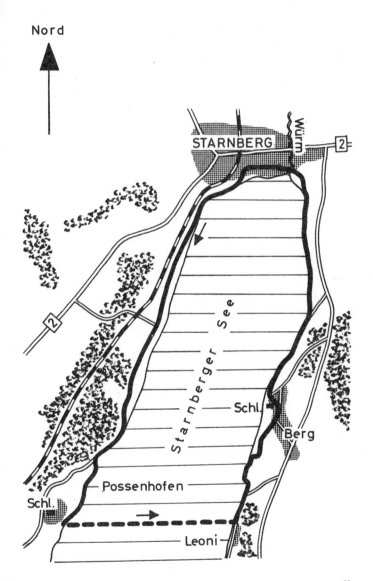

Hinauf zur *Votivkapelle*. Prinzregent Luitpold hat sie in Erinnerung an Ludwig II. um die Jahrhundertwende erbauen lassen.
Nun auf schattigem Waldweg zur geteerten *Wittelsbacher Straße*, auf der wir links bergab gehen. Wenige Minuten später passieren wir den Eingang von *Schloß Berg*, das heute von Erbprinz Albrecht von Bayern (* 1905) bewohnt wird. Das 1640 erbaute und mehrfach veränderte Schloß war ein Lieblingssitz König Ludwigs II. Auf seine Veranlassung hin wurde das Innere dieses aus Gotik und Renaissance kombinierten Bauwerkes (nicht zugänglich) mit Gemälden und Plastiken nach Richard Wagners Tondramen ausgestattet; hier soll der unglückliche König auch seine letzte Nacht verbracht haben.
Weiter unten erwartet uns die *Seestraße,* der wir nordwärts folgen – wieder einmal durch Privatgrundstücke vom See getrennt. Bei der Villa Seestraße Nummer 60 vertrauen wir uns links dem Uferweg an, immer noch abseits des Ufers. Das ändert sich erst, nachdem wir auf Steinstufen linkshaltend unmittelbar an das Ufer herangekommen sind. Dementsprechend genußreich ist auch die folgende Strecke. Überall gibt es Badeplätze und Ruhebänke für eine kurze Rast. Einem Erfrischungskiosk folgt ein Parkplatz, den wir rechts liegen lassen und links, vorbei an einer Liegewiese (Badeplätze), auf den asphaltierten *Schiffbauerweg* gelangen. Nach der Bootswerft Sattler nehmen wir den links zum See führenden Fußweg, kommen auf einer hölzernen Zugbrücke über die Würm – sie verläßt hier den früher einmal nach ihr benannten See – und sind etwas später beim Strandbad. Hier entfernen wir uns kurz vom Ufer, halten uns aber gleich wieder links, kommen an der Gaststätte F. T. 09 vorbei und an den Gebäuden des Bayerischen Yachtklubs und gehen auf dem Sträßchen weiter bis zum Bahnkörper. Nun links und schließlich auf der Seepromenade zum Ausgangspunkt.
Weglänge 12 km.
Gehzeit 3 Stunden.
Gesamte Steigung 40 m.
Wanderkarte 1 : 50 000 Starnberger See und Umgebung.
Einkehrmöglichkeiten Gaststätten am Weg.
Bemerkungen: Badegelegenheit.

22

Von Grünwald zum Georgenstein im Isartal

Grünwald vor den Toren Münchens ist aus einem römischen Standlager hervorgegangen. An schönen Tagen sind Parkplätze Mangelware, so daß es ratsam ist, ab München die Straßenbahnlinien 15 oder 25 zu nehmen.

Von der Straßenbahn-Endstation etwa 200 Meter dem *Luitpoldweg* folgen, worauf eine Tafel rechts zur Isar zeigt. Vorbei am neuen Rathaus zum *Schloß Grünwald,* 1293 anstelle eines Meierhofes des Klosters Tegernsee von Bayernherzog Ludwig dem Strengen auf römischen Mauerresten als Jagdschloß erbaut. Die heutige Form erhielt es im 15. Jahrhundert. Zweihundert Jahre später diente der gotische Bau als Staatsgefängnis mit Folteranlagen, und noch später war ein Pulvermagazin untergebracht. Seit 1977 ist das Schloß im Besitz des Freistaates Bayern und wird für Wohnungen sowie für die Prähistorische Staatssammlung genutzt.

Gegenüber der Kirche *St. Peter und Paul,* die im 13. Jahrhundert als Filialkirche der Pfarrei Oberhaching erbaut wurde, steigen wir hinunter zur *Grünwalder Isarbrücke;* von der Straßenbahn-Endstation 20 Minuten.

Noch vor der Brücke links über eine Wiese hinab zum Uferweg, dem wir nun ½ Stunde isaraufwärts folgen. Dann, nach dem Isar-Amperwerk (am Westufer), kommen wir zum Wehr, das links im Wald umgangen wird. Und schon 10 Minuten später zeigt sich in der Isar der *Michaelstein,* dem etwas weiter flußaufwärts der *Georgenstein* folgt, zwei Felsen, die sich einst vom Steilufer gelöst haben und ins Isarbett gerollt sind. Auch die nähere Umgebung ist von solchen Steinen bedeckt, allerdings sind diese schon überwachsen.

Danach verlassen wir die Urisar und folgen über einem Altwasser dem breiten Weg zur Lichtung, wo einst die Römerstraße von Salzburg nach Augsburg verlief. Links sehen wir eine mächtige Tanne. An ihr vorbei (gelbes Dreieck) führt der schmale Pfad in den stämmigen Mischwald. Bei einer Gabelung nicht rechts durch den Hohlweg, sondern links in 10 Minuten aufwärts zum Hochufer, wo eine Bank zur Rast einlädt: Tief unten das breite Bett der Isar, auf dem gegen-

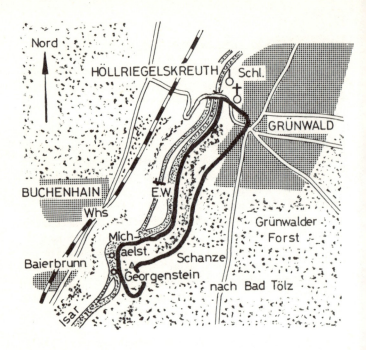

überliegenden Hochufer die Zwiebeltürme der alten (links) und neuen Baierbrunner Kirche.

Wenige Minuten später, nördlich gehend, ist die *»Schanze«* (topographischer Punkt) erreicht, eine ausladende Kanzel über dem Isartal. Schon die Kelten sollen von hier aus den wichtigen Übergang bewacht haben. Später waren es die Römer, und im Mittelalter, als noch immer Fuhrwerke und Kriegsfahrzeuge die Römerstraße benützten, ragte eine kleine Festung über dem Hochufer. Heute zeugen nur noch die Wälle im Wald hinter der Aussichtskanzel von diesen Zeiten (das Mauerwerk wird vom Waldboden überdeckt).

Den Rest unserer Wanderung, ungefähr 1 Stunde, legen wir auf dem reizvollen Hochufer zurück. Kurz vor Grünwald, wo er sich links abwärts wendet, laufen wir rechts weiter und sehen nach einer Lichtung schon die ersten Häuser bzw. das Altenheim der Rot-Kreuz-Schwestern.

Durch die Straße »*Auf der Eierwiese*« gelangen wir zum Marktplatz mit einer über 160 Jahre alten Linde. Wenige Minuten später sind wir wieder bei der Straßenbahn.

Weglänge 8 km.   *Gehzeit* 2¼ Stunden.
Gesamte Steigung 90 m.
Wanderkarte 1:50000 Blatt L 7934 München.

23
In die Pupplinger Au

Bester Ausgangsplatz ist das *Gasthaus Aujäger* am östlichen Isarufer, etwa 100 Meter nördlich der Straßenkreuzung von Puppling, nur einen Katzensprung von Wolfratshausen (Bahnverbindung S 10 mit München) im Isartal entfernt.

Vom »Aujäger« dringen wir nordwärts in das Naturschutzgebiet der *Pupplinger Au* ein. Nach 5 Minuten bleibt der linke Weg unbeachtet. Wir spazieren gerade weiter zum nahen Wald und damit in das noch ursprüngliche Auengebiet, wo uns eine typische alpine Flora erwartet. Sie ist auf die Anschwemmungen der Isar im Laufe der Zeit zurückzuführen.

Eine Stunde dauert der erste Wegabschnitt. Dann kommen wir zu den ersten Häusern der *Aumühle,* passieren zur Linken mehrere Forellenteiche und lassen uns dann im Garten der Wirtschaft zur verdienten Rast nieder.

Beim Rückweg überschreiten wir hinter dem Gasthaus einen Bachlauf und klettern über die Böschung hinauf zum Damm des Isarkanals. Auf ihm verläuft nämlich ein schmaler Pfad, der angenehmer zu begehen ist als das Asphaltsträßchen. Linker Hand die *Kloster Au* mit ihren charakteristischen Schirmföhrenbeständen, zwischen die sich Wacholderstauden ducken; rechts auf dem Hochufer der Zwiebelturm der Ickinger Pfarrkirche und weiter südlich der Sandabbruch der »Weißen Wand«, bummeln wir ¼ Stunde über den Damm, ehe er in das Fahrsträßchen übergeht.

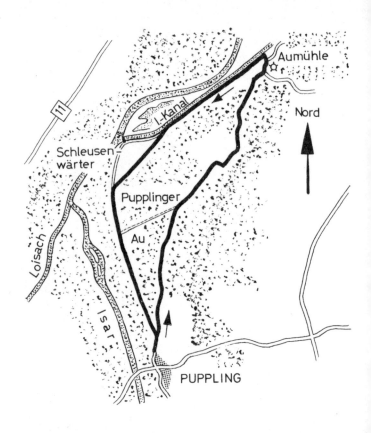

Der Weg selbst ist hier kaum von Interesse. Wenn wir aber dem Leben in der Au lauschen, den mannigfachen Vogelstimmen, wird auch dieser Abschnitt zum Erlebnis. Und wüßten wir uns nicht in Oberbayern, könnte man annehmen, in der Kalahari zu sein. Vor allem an jenen Stellen, wo die flachen Kronen der Föhren ihren Schatten auf das Riedgras werfen.

Sobald die Wehranlage in Sicht kommt, nehmen wir den linken Weg, passieren ein Haus und gelangen zum breiten Hochwasserdamm. Er zieht sich schnurgerade in südöstlicher Richtung – mitten durch eine unberührte Urstromlandschaft.

Sind wir dann wieder beim Aujäger, liegen gute 1¼ Wegstunden seit dem Verlassen der Aumühle hinter uns.

Weglänge 10 km.
Gehzeit 2¾ Stunden.
Wanderkarte 1:50 000 Blatt L 8134 Wolfratshausen.
Einkehrmöglichkeit Aumühle.
Bemerkung: Auch als Winter- bzw. Skiwanderung lohnend.

24
Von der Blockhütte auf den Blomberg

Der 1237 Meter hohe Blomberg beherrscht mit seiner breiten, massigen Gestalt das Tölzer Isarbecken und kann von jedem Wanderer unschwierig bestiegen werden. Ausgangspunkt ist das *Gasthaus Blockhütte* (Parkplätze, 150 Meter vor der Postbus-Bedarfshaltestelle »Blockhütte«) neben der Benediktbeurer Straße bzw. bei der Talstation des Blomberg-Sesselliftes; 3,5 Kilometer von der Isarbrücke in Bad Tölz.

Von der »Blockhütte« am Waldrand ansteigen, bis sich der Wanderweg rechts wendet, ansteigend die Liftwiese traversiert und unter der Sesselbahn hindurch sich zum jenseitigen Wald zieht. Dort wird der Aufstieg fortgesetzt. Wir kreuzen noch einige Male den Lift, passieren zahlreiche Ruhebänke und verlassen schließlich den Wald, um über eine Wiese vollends zum *Blomberg-Haus* (1203 m) zu gelangen; von der »Blockhütte« etwa 1¼ Stunden.

Vom Berggasthaus auf dem Herweg kurz abwärts, schwach rechts halten und im Gegenanstieg in 10 Minuten zur *Sessellift-Bergstation* und weiter zum nahen Gipfelpunkt des *Blomberges,* von dem wir eine prächtige Aussicht genießen.

Der Wald gibt uns frei. Wir spazieren an seinem Rand entlang über Wiesen zum weißmarkierten Beginn der Skiabfahrt, deren Schneise wir durch den Wald folgen und wieder zum Blockhaus« gelangen.

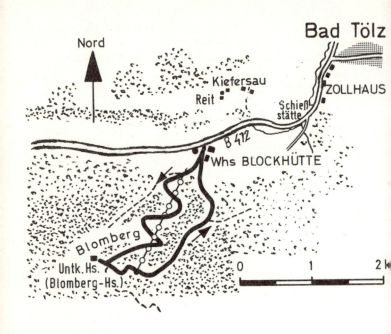

Weglänge 6,5 km.
Gehzeit 2½ Stunden.
Gesamte Steigung 550 m.
Wanderkarte 1:50 000 Blatt L 8334 Bad Tölz.
Einkehrmöglichkeit Blomberg-Hütte (auch Übernachtung möglich).
Bemerkung: Am Blomberg eine Sommer-Rodelbahn.

25
Von Lenggries auf das Brauneck

Lenggries im Isartal, 11 Kilometer südlich von Bad Tölz, wird 1280 erstmals in einer Urkunde erwähnt und dürfte sich aus einer Ansiedlung der Hohenburg entwickelt haben. Bahnstrecke Holzkirchen - Bad Tölz - Lenggries; gute Busverbindungen.

Westlich der Isar befindet sich die Talstation (Parkplätze) der Brauneckbahn. Und dort schultern wir den Rucksack und treten die Tour an. Und zwar rechts der Seilbahn. In 1½ Stunden wird die *Reiseralm* (900 m) über dem Lahngraben erreicht. Etwas mehr als die Hälfte des Aufstieges liegt nun schon hinter uns, so daß wir uns ruhig eine »Brotzeit« leisten können.

Auch der Weiterweg kann nicht verfehlt werden. Vorläufig sind wir noch im Bergwald, sehen aber schon zwischendurch den Gipfelaufbau des Braunecks durch die Tannenäste spitzeln. Sobald wir den *Garlandkessel* betreten, zeigt sich unser Ziel in voller Größe. Linkshaltend werden einige Almhütten passiert, dann zieht sich der Weg aus dem Kessel steil hinauf zu einem kleinen Sattel wenige Meter unterhalb der Seilbahnstation. Nur noch 10 Minuten sind es von hier zum Gipfelkreuz des 1555 Meter hohen *Brauneck;* 2¾ Stunden.

Am Weg zu diesem, dem langgezogenen, von Westen nach Osten absinkenden Bergstock der Benediktenwand vorgelagerten Gipfel, kommen wir an der *Brauneck-Hütte* (1540 m) vorbei, einem Aussichtsbalkon ersten Ranges: An klaren Tagen übersieht man einen großen Teil der Alpenkette, kann weit im Süden sogar die leuchtenden Gletscherfelder der Zentralalpen ausmachen und im Nordwesten die oberbayerischen Seen.

Absteigend gelangen wir nach der Bergbahnstation zu zwei Almhütten, wo ein Schild nach links zu den Kot-Almen weist. Wir sehen sie von hier aus schon unten im Almkessel, müssen aber zuerst noch 20 Minuten in teils sumpfigem Gelände absteigen, ehe wir das östliche Ende des Kessels und damit ein Fahrsträßchen erreichen, das

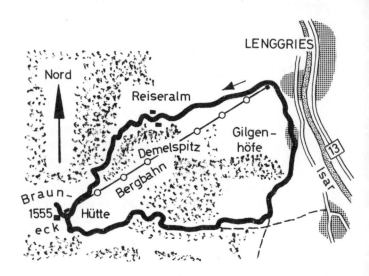

den weiteren Abstieg darstellt. Erst 100 Meter nach einer Lifthütte, schon unterhalb der Waldgrenze, wird der Fahrweg links verlassen (Viehgatter wieder schließen!). Vorbei an einer Scheune bummeln wir auf einem Wiesenweg abwärts, gelangen zu einem Zaun, der zu einem dichtbewachsenen, kurzen Hohlweg führt, nach dem uns wieder ein breiter Weg aufnimmt.

Westlich kommen wir an einem Steinbruch vorbei, lernen bald darauf die Gildenhöfe kennen, steigen kurz ab und wieder an, passieren danach das Café Bergbahn und sind wenige Minuten später wieder beim Parkplatz.

Weglänge 10 km.
Gehzeit 5 Stunden.
Gesamte Steigung 900 m.
Wanderkarte 1:50 000 Blatt L 8334 Bad Tölz.
Einkehrmöglichkeiten Reiseralm, Brauneck-Hütte (Übernachtungsgelegenheit), Kot-Alm, Café Bergbahn.
Bemerkungen: Bei der Auffahrt mit der Seilbahn verkürzt sich die Gehzeit um 2½ Stunden; festes Schuhwerk empfehlenswert.

26
Von der Jachenau zum Walchensee

Das Hochtal der Jachenau erstreckt sich auf eine Länge von 14 Kilometern zwischen Isartal und Walchensee, eingerahmt von bewaldeten Höhen und Bergzügen. Die einzig geschlossene Siedlung ist *Jachenau,* 17 Kilometer von Lenggries (Busverbindungen). Die Spuren des Österreichischen und Spanischen Erbfolgekrieges sind längst verschwunden; auf der Fahrt durch das Tal begleiten uns schmucke Bauernhöfe. Wußten Sie schon, das die Jachenau einst »Thal Nazareth« hieß? Das war zu jener Zeit, als es eine Arbeitskolonie des Klosters Benediktbeuren war.

Gegenüber der »Post« zeigt eine Wegtafel den Kirchberg hinauf. Bei der nächsten Tafel, einige Minuten später, entscheiden wir uns für den nach links in den Wald abzweigenden Weg (Markierung rot-gelb). Im Talgrund erwarten uns rechts, vor der Brücke umschwenkend, sumpfige Wiesen, die wir aber schon bei der zweiten Brücke links zum Wald hin verlassen und auf dem steinigen Hangweg durch den Staatswald spazieren. Wo er sich öffnet, sehen wir rechts oben die Häuser von *Berg,* hinter denen sich der 1515 Meter hohe Hirschhörnlkopf aufbaut. Im Talgrund sprudeln flinke Wasser zwischen fleischigen Huflattichblättern.

Bald taucht über den Baumgipfeln der Pfengberg auf, 1163 Meter hoch und bis oben hin bewaldet. Rechts geht es über den Bach und

Sachenbach am Walchensee mit Herzogstand

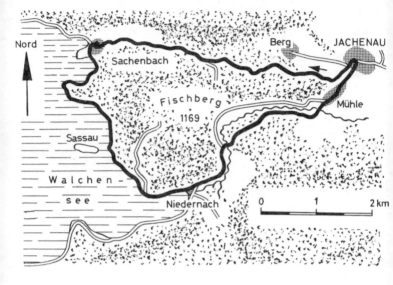

nach einer Wiese weiter auf zerfurchtem Karrenweg. Unmerklich ansteigend zieht er sich in einer Linksschleife um eine gezäunte Wiese. Nun müssen wir aufpassen! Die Wiese wird nämlich nicht betreten. Es geht rechts entlang dem Zaun, immer noch leicht aufwärts, auf einem windungsreichen Pfad zur (für Fahrzeuge gesperrten) Straße.

Nun spaziert man rechts weiter. Der Herzogstand taucht ins Blickfeld und beherrscht es während der nächsten ½ Stunde nach *Sachenbach,* einige Landhäuser unmittelbar am *Walchensee;* nicht ganz 1½ Stunden von der Jachenau.

Von hier ist es 1 Wegstunde in südlicher Richtung zum Gasthaus *Niedernach.* Diese Zeit vergeht aber wie im Fluge. Der Uferweg zählt nämlich zum Schönsten, was sich ein Wanderer wünschen kann. Einsame Badeplätze gibt es am steinigen Strand, links steigen die Mischwaldhänge des Fischberges an, den wir im Halbkreis umrunden. Die einstmals befestigte, jetzt unbewohnte Insel *Sassau* bleibt zurück. Und noch immer begleitet uns das geheimnisvolle Grün des Sees – bis zu 195 Meter tief.

Von Niedernach, wo das Wasser des Rißbaches – er kommt durch zwei Stollen aus dem Karwendel – ein Kraftwerk speist, müssen wir notgedrungen auf die Straße zur Jachenau. Aber schon 10 Minuten später erlöst uns ein rechts abzweigender Weg. Eine Brücke bringt uns über den *Jachen,* dann nehmen uns die bewaldeten Nordhänge der Sagrinnenköpfe auf. Wo sie uns wieder freigeben, sind es nur noch etwa 10 Minuten zur »Post« in Jachenau.

Weglänge 14 km.
Gehzeit 4 Stunden.
Gesamte Steigung 140 m.
Wanderkarte 1:50 000 Blatt L 8334 Bad Tölz und Blatt L 8534 Fall.
Einkehrmöglichkeit Gasthof Niedernach.

27
Von Kreuth über Wildbad zu den Siebenhütten

Im bergumschlossenen Talkessel der Weißach und vom Korallenriff des spitzgipfeligen Leonhardstein überragt, liegt das Dorf Kreuth als Mittelpunkt der aus 16 Ortschaften bestehenden Gemeinde, die sich vom Ortsrand Bad Wiessees bis an die österreichische Grenze erstreckt. In Kreuth steht die älteste Leonhardikirche Deutschlands. Es ist ein ursprünglich romanischer Bau, der zwischen 1489 und 1491 vom Tegernseer Abt Konrad spätgotisch umgebaut wurde. Das Innere birgt ein kostbares Holzrelief (Auferstehung Christi) aus dem Jahre 1550. Berühmt für Kreuth – es hieß bis 1184 »Winkel« – ist die alljährlich am 6. November stattfindende Leonhardifahrt.

Unser Spaziergang durch das Kreuther Tal der Weißach nimmt seinen Anfang bei der Bus-Haltestelle »Riedlernbrücke«. Über die Brücke, gleich danach rechts mit einem Fußweg auf dem Damm in südlicher Richtung. Die Häuser von Riedlern bleiben zurück. Nach etwa ½ Stunde zeigt uns eine Tafel den Weg rechts über die Brücke (geradeaus zur bewirtschafteten Schwaiger Alm) nach Bad Kreuth: Über den *Schreibach,* am Jägerhaus vorüber, nach 350 Metern bei der

Eisenbrücke links und der Straße ansteigend folgen. Etwas später umfangen uns die Wiesen, auf denen die Gebäude von *Wildbad Kreuth* (Hanns-Seidl-Stiftung der CSU) stehen: rechts das einstige Kurhaus mit seiner Säulenhalle; links am Waldrand die Kapelle »Zum heiligen Kreuz« mit der angebauten Priesterwohnung in einem oberbayerischen Bauernhaus aus dem 18. Jahrhundert. An die Kapelle grenzte das »Alte Bad«, dessen Schwefelquelle schon vor 200 Jahren gerühmt wurde und das einst zum Besitz des Klosters Tegernsee gehörte. Überragt wird die Talweitung im Hintergrund von der langgestreckten Kette der Blauberge.

Kurz nach der Kapelle rechts der *Stephan's Blick,* unten Fischteiche, im Hintergrund Roß- und Buchstein. Weiter auf dem *Kiem-Pauli-Weg.* Kurz darauf – rechts unten ein Weiher mit Springbrunnen – zeigt eine Eisentafel »zu den sieben Hütten«. Etwas später sieht man links im Wald die *König-Max-Quelle* (eisenhaltige Schwefelquelle); oberhalb davon ein Denkmal für König Max Joseph, dem das neue Bad seine Gründung (1818) verdankte.

In der Folge erklärt erneut eine Tafel den Zugang nach Siebenhütten: Abwärts im Waldhang, über eine Bachbrücke und zu den *Siebenhütten.* Der Platz hat seinen Namen von den sieben Almhütten, die hier vor etwa 200 Jahren standen und Eigentum von sieben Bauern waren. Heute ist eine der Hütten ab Pfingsten teilweise bewirtschaftet.

Auf einem Steg über den ungestüm dahinfließenden Wildbach (Markierung: K 8), rechts und auf breitem Weg gemütlich talauswärts. Links steigen die bewaldeten Hänge des Gernbergkopfes an. Nach ¼ Stunde nicht links halten (zur Schießstätte und zur Bundesstraße 307), sondern rechts auf der Brücke über den Bach. Unmittelbar danach links und auf dem Waldsträßchen in einer weiteren Viertelstunde zu der schon bekannten Eisenbrücke des Herweges. Nun auf der Brücke links über die *Weißach.* Nach dem Parkplatz, vor der Bus-Haltestelle (an der Bundesstraße 307) rechts in einen Fußweg einschwenken. Auf ihm schlendern wir zwischen Weißach und Bundesstraße talauswärts. Links steigt das Grüneck an, rechts erhebt sich die Reichlspitze. Und schon ½ Stunde später treffen wir wieder in *Kreuth* ein.

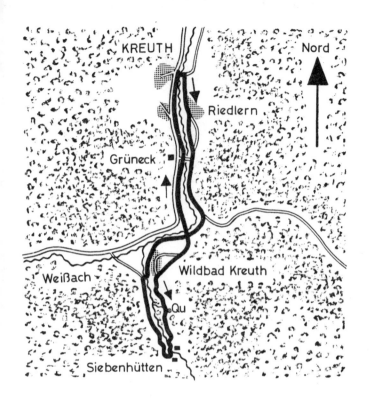

Weglänge 9,5 km.
Gehzeit etwa 2½ Stunden.
Gesamte Steigung 30 m.
Wanderkarte 1:50000 Blatt Mangfallgebirge.
Einkehrmöglichkeit Siebenhüttenalm (ab Pfingsten).
Bemerkungen: Die abschließende Wegstrecke (Eisenbrücke – Wildbad) kann auch im Bus zurückgelegt werden. – Bis Wildbad und zurück (6,5 km, 1½ Std.) auch als Winterwanderung lohnend.

Tegernsee Schlosskirche

28
Von Tegernsee über die Neureuth zur Gindelalmschneid

Tegernsee breitet sich am Ostufer des gleichnamigen Sees aus. Es ist eine heitere Landschaft, anmutig und lieblich. Und so ist es nicht verwunderlich, daß sich dort seit über hundert Jahren immer wieder bedeutende Künstler niedergelassen haben.

Für uns steht als Wanderung die Neureuth sowie die Gindelalmschneid auf dem Programm. Vom Bahnhofsplatz (Strecke Holzkirchen – Tegernsee, Bus-Haltestelle) bzw. vom Terrassen-Café steigen wir auf der *Klosterwachtstraße* kurz an, verlassen sie dann rechts und gewinnen auf dem *Nigglweg* weiter an Höhe. Vor dem schmiedeeisernen Portal des einstigen Sengerschlosses biegen wir links in den reizvollen *Panoramaweg* ein. Wo er sich links senkt, spazieren wir rechts auf einem ungeteerten Weg weiter, steigen im Mischwald ein Stück an und kommen zu einer Wegteilung. An dieser Stelle, 20 Minuten vom Bahnhof, zeigt rechts eine Alpenvereins-Wegtafel zur Neureuth: Durch Mischwald bergan und dem vorbildlich beschilderten »Alten Sommerweg« folgen. Abschließend bummeln wir über eine Wiese in 10 Minuten zum *Berggasthaus Neureuth;* von Tegernsee nicht ganz 1½ Stunden.

Wir sind auf dem Hausberg der Tegernseer, der trotz seiner verhältnismäßig geringen Höhe eine überraschende Aussicht vermittelt. Erklärungen über die umstehenden Gipfel gibt eine Orientierungstafel unweit des sehenswerten Alpinums.

Nun auf breitem, gut markiertem Höhenweg in östlicher Richtung (schöne Ausblicke) durch stille Hochwälder und über sonnengebadete Wiesen. Etwa ½ Stunde später gleich nach dem Wald, müssen wir uns entscheiden: Entweder nach dem Gatter rechtshaltend hoch zum Gipfel der Gindelalmschneid (1334 m), oder geradeaus den Hang queren zur bereits sichtbaren *Gindel-Alm* (1242 m); von Neureuth etwa 40 Minuten.

Von der Hütte kurz auf dem Herweg zurück. Dann linkshaltend ansteigen. Nach etwa 10 Minuten geht es mit dem vom Gipfel herabkommenden Wiesenpfad gemeinsam weiter, hinab zu den Wiesen der *Kreuzberg-Alm* (1225 m). Die Route beschreibt nun einen Rechtsbogen. Die Linksabzweigung nach 10 Minuten unberücksichtigt lassend, wandern wir durch die bewaldeten Westhänge

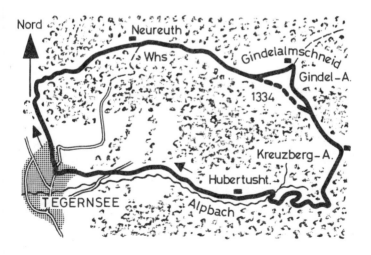

des Kreuzbergköpfel abwärts und gelangen auf den »Prinzenweg«, der 1860 unter Prinz Carl von Bayern angelegt wurde; ¼ Stunde von der Gindel-Alm.

Im *Alpbachtal* umgibt uns Stille. In seinen dunklen Wäldern senkt sich das Sträßchen in Kehren, bringt uns über den Alpbach und wenige Minuten nachher zur *Hubertushütte* (935 m). Der Alpbach zeigt uns auch weiterhin den Weg. Neben ihm führt der einstige Jagd- und Reitweg talauswärts. Linker Hand wird das Felsriff des Riederstein sichtbar.

Kurz hinter der Schießstätte teilen sich die Straßen. Wir nehmen rechts die *Max-Joseph-Straße* und gelangen vorbei an der Kapelle Maria Schnee in 10 Minuten zum Postamt. Hier rechts zum nahen Bahnhof.

Weglänge 11,5 km.
Gehzeit 3¼ Stunden.
Gesamte Steigung 540 m.
Wanderkarte 1 : 50 000 Blatt L 8336 Miesbach.
Einkehrmöglichkeiten Neureuth (Freitag geschlossen), Gindel-Alm.
Bemerkungen: Empfehlenswert ist ein Besuch der großartigen Klosterkirche (Kirchenführer-Broschüre) am See sowie eine »Brotzeit« im urigen Klosterstüberl. – Auf dem Tegernsee verkehren Schiffe. Bootsverleih, Badegelegenheit.

29
Von Weyarn ins Mangfalltal

In Sichtweite der Salzburger Autobahn, 40 Kilometer von München, wo die 270 Meter lange Mangfallbrücke in einer Höhe von 65 Metern das Tal der Mangfall überspannt, liegt das Dörfchen *Weyarn* (Busverbindungen mit München, Miesbach, Bayrischzell; nächster Bahnhof im 4 km entfernten Talham) mit einem ehemaligen Augustiner-Chorherren-Stift und der sehenswerten Barockkirche St. Peter und Paul (Kirchenführer-Broschüre), einer Wandpfeilerkirche von Lorenzo Sciasca aus den Jahren 1687–1693. Die Verkündigungsgruppe stellt ein Hauptwerk des bayerischen Rokoko bzw.

des Münchner Hofbildhauers Ignaz Günther (1725-1775) dar; Stuck und Fresken von Johann Baptist Zimmermann aus Wessobrunn, der nach seiner Heirat eine Zeitlang im nahen Miesbach ansässig war.

Parkplätze gibt es beim Rathaus gegenüber der Kirche in der *Ignaz-Günther-Straße*. Beim Haus Nummer 8 auf dem *Mangfallweg* abwärts, gegenüber von Haus Nummer 9 rechts, die Kurve des Sträßchen abkürzend. Weiter auf dem Mangfallweg. Vom letzten Gehöft auf breitem Weg in den Hangwald und etwa 10 Minuten südwärts, woraufhin unsere Route scharf rechts abzweigt und hinunterführt zur *Mangfall*. Sie ist der Abfluß des Tegernsees und mündet bei Rosenheim in den Inn.

Über den Steg, wenige Schritte danach rechts zu einem breiten Talweg, auf dem wir flußabwärts spazieren. Bei der nächsten Wegteilung rechts an den Fluß und seinem Ufer solange folgen, bis sich der breite Weg zunehmend verschmälert. Dort links weglos den Hang hoch zu einem breiten Weg und auf ihm talauswärts. Auf dem jenseitigen Ufer wird Kloster Weyarn sichtbar, und vor uns taucht die Mangfallbrücke auf. In *Mühlthal* (etwa 1 Std. von Weyarn) betreten wir die Landstraße. Links, am Gasthof vorüber und auf der Straße unter der Autobahn hindurch. Gleich danach rechts von der Straße herunter, dann links auf dem *Quellenweg* in Richtung Maxlmühle (Tafel). Das Sträßchen senkt sich und führt an der Mangfall entlang, etwa ¼ Stunde. Vor dem *Gasthof Maxlmühle* rechts auf einer Holzbrücke über die *Mangfall*. Auf breitem Weg einige Minuten ansteigen, dann rechts und in südlicher Richtung auf einer Geländestufe durch den Hangwald. Mäßig bergan, die Rechtsabzweigung 1/4 nach der Maxlmühle unbeachtet lassend, schlendern wir durch den Talhang, der vom Rauschen des Flusses erfüllt ist. Der Weg führt an vereinzelten Nagelfluhfelsen vorbei, die sich aus dem Hang gelöst haben.

Die Autobahnbrücke kommt näher. Am dritten Pfeiler der Brücke wenden wir uns links und steigen auf schmalem Pfad in kurzen Kehren im Hangwald hinauf zur Südseite der Brücke. Nach diesem Steilstück gelangen wir zu einer kleinen Kapelle (vernachlässigter Innenraum, modern gestaltete Altartafel) und wandern anschließend noch ein Stück am Hochuferrand dahin. Vorn sehen wir den Kirch-

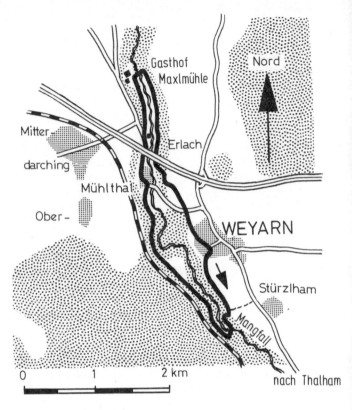

turm von Weyarn, links davon im Hintergrund den Wendelstein. Der *Erlacher Weg* wendet sich links vom Ufer ab und führt nach *Weyarn*. Die Landstraße schräg rechts überschreiten und auf dem *Klosterweg* zurück zum Ausgangspunkt.

Weglänge 9 km.
Gehzeit 2¼ bis 2½ Stunden.
Gesamte Steigung etwa 100 m.
Wanderkarte 1:50 000 Blatt L 8136 Holzkirchen.
Einkehrmöglichkeiten Mühlthal, Maxlmühle.
Bemerkung: Badegelegenheit in der Mangfall.

30
Rund um den Schliersee

Malerisch breitet sich der Kurort Schliersee am Nordende des gleichnamigen Sees zwischen Wald und Gebirge aus, genau 8 Kilometer südlich von Miesbach an der Bundesstraße 307 nach Bayrischzell (15 km). Urkundlich 640 erstmals als »Slyrse« erwähnt, ist das ganze Schlierseegebiet dörflicher geblieben als der große Bruder Tegernsee; es ist weniger verstädtert und deshalb ursprünglicher, was als Auszeichnung verstanden werden soll.

Von der 1711 neu erbauten Pfarrkirche, etwa 7 Minuten vom Bahnhof (gegenüber der Kirche Parkplätze vor der Kreissparkasse), wandern wir auf der *Seestraße* in Richtung Bayrischzell. Beim Hotel Schlierseer Hof zu den Anlagen am See. Beim Kleingolfplatz vom See entfernen und weiter neben der Bundesstraße her. Wo sich die Straße vom See abwendet, etwa 250 Meter nach einem Schiffsanleger, folgen wir rechts einem breiten Asphaltweg vorbei an Boots- und Badehäusern durch *Fischhausen* um das südliche Seeufer herum. Danach wird die Wanderung auf der *Westerbergstraße* fortgesetzt.

Links steigen die Waldhänge des Kammes zwischen Brunstkogel und Krainsbergkogel an, rechts glänzt der Wasserspiegel des bis zu 37 Meter tiefen Schliersees. Unser Weg steigt etwas an, überschreitet den Schienenstrang und setzt sich dann rechts an ihm entlang fort. Draußen im See liegt die Insel Wörth, die von den Schiffen ange-

Schliersee
Pfarrkirche

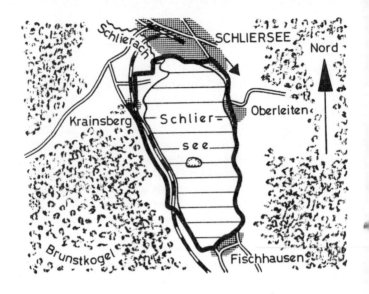

steuert wird. Auf ihr soll sich, wie man auf Grund der 1636 entdeckten Mauerreste vermutet, ein Gefängnis der Herren von Hohenwaldeck befunden haben, mit Zellen, in denen man »nur stehen oder sitzen konnte«. Zur Burg Hohenwaldeck (östlich oberhalb von Fischhausen) habe von der Insel ein unterirdischer Gang geführt, wissen alte Überlieferungen zu berichten. Heute ist die Insel Naturpark mit Gaststätte.

Auf dem Seeweg wird bald ein Parkplatz vor dem *Brettenbach* erreicht. Über den Bach, rechts über den Bahnkörper, danach gleich links (Markierung: K 1) am Bach entlang. Es folgt ein kurzer Aufstieg, oben eine Straße kreuzen, jenseits geradeaus, kurz abwärts, dann rechts auf einem schattigen Weg zum Eisstadion. Kurz danach hält sich die Route links und führt an der *Schlierach* entlang. Rechts über einen Steg und auf dem Kurweg zur *Minholz-Anlage* und zu den Kuranlagen. Danach rechts wieder ans Seeufer und zurück zur Kirche. – Kunstfreunde werden es nicht versäumen, den hellen, breitgelagerten Innenraum der Kirche mit seiner reichen Barockausstattung zu betreten, mit dessen Fresken dem jungen Wessobrunner Stukkateur Johann Baptist Zimmermann der Einbruch in das Zentrum der berühmten Miesbacher Schule gelungen ist. Ausführliche Angaben über das Gotteshaus sind einer käuflichen Broschüre zu entnehmen.

Weglänge 7,5 km.

Gehzeit etwa 2 Stunden.

Gesamte Steigung etwa 30 m.

Wanderkarte 1:50 000 Blatt L 8336 Miesbach.

Einkehrmöglichkeiten Gasthäuser am Weg.

Bemerkungen: Badegelegenheit; auch als Winterwanderung lohnend (geräumt).

Wendelstein

31
Von Osterhofen auf den Wendelstein

Seit 1970 befindet sich in *Osterhofen* (an der B 307 zwischen Schliersee und Bayrischzell) die Talstation der Kabinen-Seilbahn zum Wendelstein.

Wer auf die Seilbahnfahrt verzichtet, wandert rechts der Talstation (Parkplätze, 5 Min. vom Bahnhof) auf einem Weg am Mühlbach hinauf zur Bahnunterführung. Von dort rechts zum Bahnhof und gerade weiter zu dem in Richtung Hochkreut mäßig ansteigenden Fahrweg. Beim zweiten Bauernhaus von *Hochkreut,* dem Siegelhof (Haus Nr. 16), treffen wir auf den Bayrischzeller Wendelsteinweg und folgen seiner roten Markierung durch die bewaldeten Westhänge des Legerwaldgrabens. Nach ¾ Stunden sind wir bei der kleinen *Siegel-Alm* (1325 m) unweit des Baches, der kurz darauf rechts überschritten wird. Etwa ¼ Stunde danach nimmt uns der Kessel mit den *Wendelstein-Almen* auf; knapp 1¾ Stunden von Osterhofen.

Rechts hinauf durch das Kar bzw. über die Almböden und zuletzt auf einem Ziehweg in ½ Stunde in die *Zeller-Scharte* zwischen Kesselwand und Wendelstein. Von hier links hinüber in den Sattel zu Füßen des felsigen Gipfelbaues des Wendelsteines; 2½ Stunden von Osterhofen.

Links droben steht auf der Schwaigerwand das kleine *Wendelsteinkirchlein,* das höchste Gotteshaus Deutschlands; rechts wartet das Hotel (Seilbahn-Bergstation) auf den müden Wanderer.

Die letzten knapp 20 Minuten zum *Wendelsteingipfel* (1830 m), einem großartigen Aussichtspunkt, werden auf einer künstlich angelegten, stellenweise sehr luftigen, aber bestens versicherten Weganlage bewältigt – nachdem 50 Pfennige »Eintritt« bezahlt worden sind, denn der Gipfel ist in privatem Besitz. Östlich unterhalb des höchsten Punktes glänzen die Kuppeln des Sonnenobservatoriums, daneben befindet sich eine Sendeanlage des Bayerischen Rundfunks.

Wieder unten auf der Hotel-Terrasse, steigen wir über Steintreppen hinab und folgen anschließend den Serpentinen im Geröll unter der Seilbahn 10 Minuten. An einer Wetterfichte zeigt uns eine Tafel den Weiterweg (»Breitenstein, Feilbach«). Es geht also rechts mit der roten Markierung durch eine Geröllreiße. Nach ¼ Stunde – rechts schnellen die Westabstürze des Wendelstein empor – teilen sich die Wege. Wir nehmen den linken (»Breitenstein«) und gelangen in ¼ Stunde zu einer Almhütte (Quellbrunnentrog). Kurz vor ihr halten wir uns erneut links. Die Wegtafel zeigt nach »Geitau und Breitenstein«. Auf dem streckenweise schmalen, rot bezeichneten Hangweg wandern wir über dem Almkessel in westlicher Richtung und steigen dann hinauf zu einem breiten Wiesensattel mit herrlichem Blick nach Süden; 1 Stunde vom Gipfel.

Eine Wegtafel erklärt uns die Etappe zur Koth-Alm: Halbrechts in 10 Minuten bis vor ein Holzkreuz, und von dort rechts hinunter zur *Koth-Alm* (1448 m). Ein Fahrweg bringt uns weiter zur Bergwirtschaft *Kessel-Alm* und anschließend mit Serpentinen in ½ Stunde hinunter zu den ersten Häusern von *Birkenstein*. Rechts an ihnen vorüber zu einer Teerstraße (100 m rechts das Gasthaus Oberwirt). In Birkenstein ist um 1770 nach dem Vorbild des hl. Hauses von Loretto ein kleines Wallfahrtskirchlein entstanden, das viel besucht wird. Votivtafeln zeugen von der Frömmigkeit und dem tiefverwurzel-

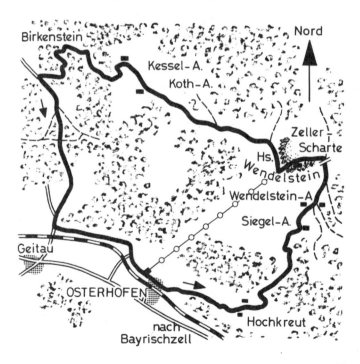

ten Glauben der hier Hilfe suchenden Menschen – Kioske und Andenkenstände vom florierenden Geschäft mit dem Glauben. Von der Koth-Alm ¾ Stunden.

Unsere Tour richtet sich nun nach Süden. Am Ende des geteerten Sträßchens geht es durch ein Gatter. Etwa 150 Meter danach folgt ein zweites Gatter, bei dem uns eine Tafel den Weiterweg nach Geitau erklärt. Nach ¼ Stunde senkt sich der Weg und kann nicht mehr verfehlt werden. Kurz vor der Bahnunterführung in *Geitau* kommen wir auf ein Teersträßchen und folgen ihm, bis vor einem Haus nahe dem Bahnkörper eine Tafel links nach Bayrischzell zeigt (50 m rechts ein Gasthaus). Wir biegen also in Ostrichtung um und spazieren zwischen dem Wald des Rieder Berges und dem Schienenstrang in ¼ Stunde nach *Osterhofen,* das heißt, wir halten uns bei der vom Aufstieg her bekannten Unterführung rechts und sind gleich wieder beim Parkplatz.

Weglänge 13 km.
Gehzeit 5½ Stunden.
Gesamte Steigung 1100 m.
Wanderkarten 1 : 50 000 L 8336 Miesbach und Blatt L 8338 Oberaudorf.
Einkehrmöglichkeiten Wendelstein-Haus (Übernachtung), Koth-Alm (Übernachtung), Kessel-Alm, Oberwirt in Birkenstein, Gaststätte beim Geitauer Bahnhof (Donnerstag geschlossen).
Bemerkung: Bei Benützung der Seilbahn entfallen 2½ Aufstiegsstunden.

32
Von Degerndorf über die »Biber« zum Petersberg

In *Degerndorf* – es gehört zu Brannenburg – im Inntal parken wir bei der katholischen Kirche. Von hier in wenigen Schritten südwärts zur Dorfstraße, auf ihr rechts, dann links in die *Dapfer-Straße* und nach 100 Metern rechts zu einem Fußweg. Damit sind wir an der *»Biber«,* einem in der frühen Quartärzeit entstandenen Nagelfluhhügel.

Es folgt ein kurzweiliger Waldspaziergang zur Kreuzwegmauer des *Biberkirchleins;* ¼ Stunde. – Ihrer gedrungenen, schindelbedeckten Zwiebelhaube den Rücken kehrend, gelangen wir südwärts auf einer Steinstiege hinab zur verlassenen Fels-Einsiedelei. Weiter unten betreten wir die Biberstraße, gehen rechts zur *Grießenbachbrücke* und etwa 150 Meter danach erneut rechts, und zwar auf die Irlachstraße. Nach 50 Metern nochmals rechts, dann geht es aufwärts zum Wald. In 10 Minuten sind wir beim *Wagnerberg-Hof,* über dem rechts der düstere Felspfeiler der Maiwand emporragt.

Auch der weitere Aufstieg vollzieht sich im Waldschatten. Bald vereinigt sich unsere Route mit dem Flintsbacher Petersbergweg, und 10 Minuten später heißt es ein letztes Mal steil ansteigen: Links mit einem gesicherten Steig zur Kuppe des *Petersberges* (847 m); 2 Stunden von Degerndorf.

Die Wallfahrtskirche St. Peter stammt aus der ersten Hälfte des 12. Jahrhunderts und gilt als eines der ältesten romanischen Baudenkmäler im Inn- und Chiemgau. In vorchristlicher Zeit soll dieser

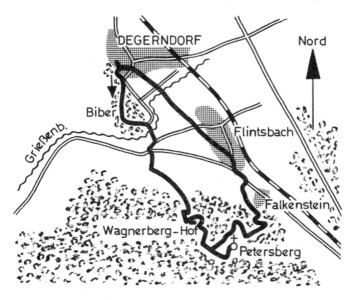

Platz als germanische Opferstätte gedient haben, und noch früher, während der Eiszeit, war der Petersberg vollständig von den Eismassen des Inntalgletschers bedeckt.

Nach der Einkehr im Gasthaus (ehemaliges Propsthaus) wandern wir auf dem Herweg etwa 10 Minuten zurück und biegen dann rechts in den nach Flintsbach führenden Weg ein. Auf ihm durch Laubwald hinunter in die Mulde der Rachelwand, auf der früher eine Burg thronte. Etwas später überschreiten wir einen Graben und gelangen durch den Torbogen in die verfallene Burganlage *Falkenstein,* die 1784 niedergebrannt ist. Der letzte aus dem ursprünglichen Besitzergeschlecht, Siboto, wurde schon 1272 ermordet.

Zwanzig Minuten waren es vom Petersberg bis hierher. Nun auf einem Ziehweg im Mischwald in nördlicher Richtung und nach dem Wald über Wiesen hinab zur *Kufsteiner Straße.* Beim ersten Haus links und anschließend durch *Flintsbach* in ¾ Stunden zurück nach *Degerndorf.*
Weglänge 9 km.
Gehzeit 3¼ Stunden.
Gesamte Steigung 400 m.
Wanderkarte 1:50 000 Blatt L 8338 Oberaudorf.
Einkehrmöglichkeiten Petersberg und Gasthäuser am Weg.

33
Rund um den Simssee

Als lieblicher und stimmungsvoller Voralpensee, den Wiesen, Wälder und Moränenrücken rahmen, breitet sich der Simssee 5 Kilometer östlich des Inns an der Bahnstrecke München – Salzburg aus. Seine Ufer sind noch verhältnismäßig unerschlossen; das leicht moorhaltige Wasser hat in den Sommermonaten durchschnittlich knapp über 20 Grad.

Unsere Rundtour beginnt in der kleinen Ortschaft *Ecking,* 2 Kilometer nordöstlich von Riedering, das heißt, zwischen Rosenheim (9 km) und Prien (10 km). Parkplätze findet man beim hübsch gelegenen »Café zum Xare«, das einen schönen Blick über den südlichen Teil des insgesamt 6 Kilometer langen und bis zu 1 Kilometer breiten See vermittelt.

Auf der Autostraße in nordöstlicher Richtung nach *Beuerberg*. Im Vorblick den spitzen Kirchturm von Pietzenkirchen, schlendern wir auf der Straße abwärts zum Holzplatz von *Pietzing*. Bei ihm kurz links, dann rechts zu einem stattlichen Gehöft. An seinem Brunnen links, nach wenigen Schritten rechts und auf breitem Weg bergan. Wo er sich gabelt, halten wir uns links und gelangen unterhalb eines Hofes hinauf zu einer Wiesenkuppe. Nun senkt sich unser Weg, dringt in den Wald ein und bringt uns linkshaltend zum Seeufer; ¾ Stunden von Ecking.

Hier gibt es überall versteckte Badeplätze, denn dieser Uferteil ist in seiner ursprünglichen Art erhalten geblieben. Dementsprechend abenteuerlich ist der Weiterweg, besser gesagt, das Suchen des Weges. Anfangs ist es noch ein schmaler Pfad, dann sind nur noch schwache Spuren zu sehen. Doch wer sich in Ufernähe hält, geht nicht fehl. Nach etwa 5 Minuten steigen wir rechts über die Böschung hoch und stoßen auf einen Waldweg, der uns links auf eine Lichtung bringt. Von hier links weglos hinab und am Ufer entlang zu einer ausgedehnten Wiese. An ihrem Nordostrand wieder in den Mischwald. Wegspuren bringen uns zu Holzstufen. Links kurz abwärts, dann rechts über ein Bächlein und anschließend am Rand der Uferböschung auf gut erkenntlichem Waldpfad aufwärts zu einem breiten Weg. Ab hier ist es nicht mehr weit zum Campingplatz, dessen Zelte wir schon von weitem sehen. Dem Waldrand folgt ein Bauernhof, bei dem uns eine Fahrstraße erwartet, die mit einer Steinbrücke über die *Achen* zur Teerstraße führt.

In der Folge links in langem Bogen durch das *Thalkirchner Moos*. Nach 20 Minuten, vor der Eisenbahnunterführung, verlassen wir die Straße links und steigen über der einstigen Krottenmühle hinauf zum Hochufer. Noch knappe 10 Minuten entlang dem Bahnkörper, und wir sind beim *Bad* bzw. beim *Gasthaus Fischerstüberl*.

Nach weiteren 10 Minuten zeigt links eine Tafel hinunter zur *Mariengrotte* unmittelbar am Seeufer. Die teilweise gelb markierte Route setzt sich auf der Seeuferstraße fort und endet nach 1 Stunde beim Hotel in *Simssee* (Strandbad).

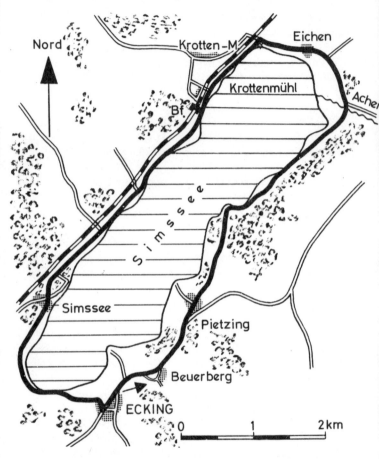

»Zum Latschen-, Moos- und Westuferweg«; dieser Tafel folgen wir und erleben auf einem Fußweg das buschbestandene Moosland. Kiefernwaldungen und Ruhebänke begleiten uns. Bei der Wegteilung links und vorbei an vogelkundlichen Lehrtafeln und Nistkästen zur *Luisen-Brücke*. Im Osten zeigt uns der spitze Kirchturm von Neukirchen die Richtung der letzten Etappe. Aber auch ohne ihn wäre der gepflegte Uferweg nicht zu verfehlen. Er führt uns an den See heran, wendet sich dann wieder von ihm ab und steigt schließlich in zwei Kehren an zur Autostraße, auf der es nur 100 Meter zurück zum Parkplatz sind.

Weglänge 14 km.
Gehzeit 3½ Stunden.
Gesamte Steigung etwa 100 m.
Wanderkarte 1:50000 Blatt L 8138 Rosenheim.
Einkehrmöglichkeiten Fischerstüberl, Hotel Seehof in Simssee.
Bemerkungen: Die Wanderung kann selbstverständlich auch an jedem anderen Platz entlang der Route begonnen werden; Badegelegenheit.

34
Von Rimsting zur Eggstätter Seenplatte

Unsere Wanderung zu den »Chiemgauer Osterseen« beginnt beim *Bahnhof* von *Rimsting,* 1,5 Kilometer nördlich des Ortes. Am Gasthof Andrelang (Postbus-Haltestelle) vorbei zur Autostraße. Auf ihr links (Wegtafel »Langbürgner See«) in 10 Minuten nach *Stetten.* Beim Haus Nummer 2 rechts von der Straße ab und hinunter zu den Badeplätzen am *Stettner See.* Von seinem Nordufer über eine Wiese hinauf zur Straße, die uns um die südlichste Bucht des *Langbürgner Sees* herumführt. Anschließend bergan zum stattlichen Gehöft *Westerhausen.* Vor ihm verlassen wir die Teerstraße links. Ein Sträßchen bringt uns westwärts zu einer kleinen Kapelle (über der Tür eine St.-Georgs-Drachenkampfgruppe) im Schatten einer Roßkastanie und einer alten Linde.

Eine Tafel zeigt nach Hartmannsberg. Dieser Weg führt durch Wiesen zu einem kleinen Bauernhof und danach rechtshaltend über einen Rücken zu einer Straße. Auf ihr kurz abwärts, bis vor dem ersten Haus von *Schlicht* ein Feldweg im spitzen Rechtswinkel abzweigt. Er stellt den Weiterweg dar. Die Abzweigungen im Wald unberücksichtigt lassend, betreten wir nach einer knappen Viertelstunde eine Lichtung. Hier links hinab zum Ufer des einsam gelege-

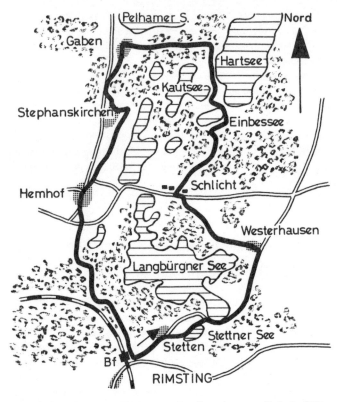

nen, stark verlandeten *Einbessees;* 1¼ Stunden vom Bahnhof Rimsting.

Nun rechts auf schattigem Waldweg bergan. Bald schimmert der *Hartsee* durch die Tannen. Bei der Wegtafel (»Hartsee«) scharf links umbiegend, schlängelt sich die Route zwischen der moorigen Südspitze des Hartsees, und beim Einbessee in nordwestlicher Richtung. Fünf Minuten später, nahe einem Badehäuschen, halten wir uns rechts und erblicken bald darauf den verschwiegenen *Kautsee.* Er gehört zu den insgesamt 21 Seen dieses Gebietes, die nach der Eiszeit zurückgeblieben sind.

Nun wendet sich unser Weg im hochstämmigen Tannenwald rechts in Richtung Hartsee. Kurz bergab, auf einem Holzsteg über die Verbindung zwischen Kaut- und Hartsee und weiter mit dem Hauptweg durch das einsame Naturschutzgebiet. Bei der Wegtafel »Pelham« links in westlicher Richtung umschwenken. Rechts zeigt sich der *Pelhamer See,* an dessen verlandetem Südufer sich die Route vorbeizieht. Dem Wald folgt eine Wiese, an deren Ende das Gehöft *Gaben* steht. Auf seiner Höhe angelangt, nicht zur nahen Straße, sondern links und erst nach dem Waldstück auf die Straße, der links gefolgt wird. Nach 100 Metern linkshaltend dem Spitzturm der Stephanskirche entgegen.

Wer auf eine Rast im Wirtshaus von *Stephanskirchen* verzichtet, geht schon beim ersten Haus (Wegtafel »Eggstätt«) links auf einem Wiesenweg abwärts. Nach etwa 200 Metern im Wald scharf rechts und über Wiesen in ¼ Stunde südwärts zur Ortschaft *Hemhof.*

Nun auf der Hauptstraße in 5 Minuten zur Straße Endorf – Seebruck. Auf ihrer anderen Seite mit einem Fahrweg weiter in südlicher Richtung. Vorbei an der Abzweigung zum Badeplatz (am Langbürgner See) zu einem Flüssiggas-Lager und zum nahen Bahnhof.

Weglänge 12 km.
Gehzeit 3 Stunden.
Gesamte Steigung etwa 100 m.
Wanderkarte 1 : 50 000 Blatt Chiemsee und Umgebung.
Einkehrmöglichkeiten Stephanskirchen, Hemhof (Brandl Wirt).
Bemerkung: Badegelegenheit.

35
Rund um den Chiemsee

Die Umwanderung des größten bayerischen Sees nimmt an effektiver Gehzeit 13 Stunden in Anspruch. Die können natürlich an einem Tag bewältigt werden, doch mehr hat man davon, wenn man einmal übernachtet und einen Abstecher per Schiff zur Frauen- und Herreninsel unternimmt.

Vom Bahnhof in *Prien* ist es eine knappe halbe Stunde zum Anlegesteg der Chiemsee-Schiffahrt. Wenige Schritte vorher, gegenüber

Chiemsee mit Hochgern und Zwölferspitze

dem Hotel, vertrauen wir uns der *Harraser Straße* an und folgen ihr in südlicher Richtung. Dabei lassen wir das Strandhotel und den Gebäudekomplex der Thyssen-Klinik hinter uns und kommen zu den Häusern von *Harras*. Wir bleiben auf der Asphaltstraße, bis vor Haus Nummer 142 links ein Wanderweg abzweigt. Danach gleich wieder rechts auf einem Fußweg zum Seeufer. Im Süden ist nun deutlich die Kulisse der Chiemgauer Berge zu sehen: Kampenwand, Hochgern und Hochfelln, um nur diese aus dem Gipfelreigen herauszugreifen.

Weiter auf dem schön angelegten Uferweg. Vor der zweiten Brücke rechts, nach 100 Metern links über einen Bachlauf und anschließend über den *Mühlbach*. Wir sind auf dem Chiemsee-Uferweg (Markierung: 14 auf gelber Tafel). Eine Birkenallee erwartet uns. Im weiten Halbkreis zieht sich der *»Siebertweg«* um die südlichste Bucht des Sees und bringt uns zu den ersten Häusern von *Felden;* 1½ Stunden von Prien.

Hier links, dann rechts zur Straße, neben der ein Fußweg zum amerikanischen Chiemsee-Hotel führt. Von hier auf einem Schotterweg links der Autobahn weiter, entlang der Ufermauer, dann über einen Parkplatz und wieder auf schmalem Pfad am befestigten Ufer in östlicher Richtung. Zur Linken glänzt schon eine Zeitlang der 82 Quadratkilometer große Wasserspiegel des »Bayerischen Meeres«, das bis zu 73 Meter tief ist.

Mit der ersten Unterführung rechts auf die andere Seite der Autobahn. Beim Bauernhof links und im Bogen wieder zur Autobahn, die uns während der nächsten ¼ Stunde begleitet. Wo es gerade nicht mehr weitergeht, links durch die Unterführung und danach gleich

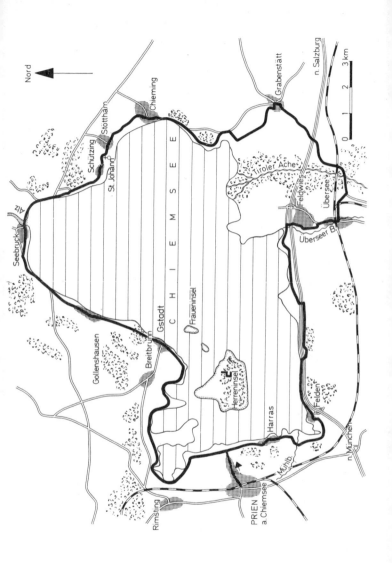

wieder rechts. In ½ Stunde sind wir beim Campingplatz und nach weiteren 10 Minuten auf der Asphaltstraße beim *Überseer Bach.* Jenseits der Brücke zeigt uns eine grüne Tafel den Fußweg rechts nach Feldwies und Übersee. Ein letztes Mal unter der Autobahn hindurch und am Bachufer entlang durch *Feldwies.* Bei einer Brücke links zur Hauptstraße von *Übersee.* Auf ihr rechts (südwärts) zum Bahnübergang, worauf uns links der Bahnhof erwartet; 4¼ Stunden von Prien.

Ab der Kirche folgen wir dem Uferweg in südwestlicher Richtung nach *Lambach,* wo der »Malerwinkel« einen herrlichen Blick über den Chiemsee vermittelt. Von Lambach setzt sich der Uferweg fort in die Ortschaft *Gollenshausen* und anschließend entlang der Straße nach *Gstadt.* Unsere Wanderung hält sich auch weiterhin ans Seeufer und schwenkt nach einiger Zeit rechts in westliche Richtung ein. Wir kommen in die *Mühlner Bucht* und erreichen etwas später *Breitbrunn* und danach die *Kailbacher Bucht;* von Seebruck 1 Stunde.

Die Halbinsel Sassau bleibt links liegen. Bald treffen wir in *Aiterbach,* das zur Gemeinde Rimsting gehört, ein. Von dort auf schönen Uferwegen zum *Schafwaschener Winkel* und über die Mündung der Prien nach Osternach und vollends zurück nach Prien.

Weglänge 55 km.
Gehzeit 13 bis 14 Stunden.
Gesamte Steigung etwa 150 m.
Wanderkarte 1:50 000 Blatt Chiemsee und Umgebung.
Einkehrmöglichkeiten Gasthäuser am Weg.
Bemerkungen: Die Wanderung kann selbstverständlich auch an jedem anderen Ort entlang der Route begonnen werden; Badegelegenheit.

36
Von Aschau auf die Kampenwand

Der Fremdenverkehrsort *Aschau* wird am schnellsten über die Autobahn München – Salzburg erreicht; Ausfahrt in Frasdorf, von wo es nur noch 5 Kilometer nach Aschau sind; gute Bahn- und Busverbindungen. Ausgangspunkt ist der Parkplatz der Kampenwand-Seilbahn (Postbus von Aschau).

Kampenwand Ostgipfel

Zunächst auf der Rückseite der Talstation zu einem Bächlein und danach rechtshaltend auf einem Asphaltsträßchen bergan, vorbei am Forsthaus und auf dem sogenannten *»Kampen-Reitweg«* in den Wald. Unser Weg beschreibt eine Kehre, quert einen Graben, wendet sich dann nach links, berührt Felsen der *Geistiegwand* und zieht sich anschließend rechts in Serpentinen durch die Mischwaldhänge der Maiswand zur kleinen *Schlechtenbergkapelle*.

Kurz nach der Kapelle gehen wir nach rechts und gelangen über Almböden hinauf zur *Schlechtenbergalm* (1200 m). Nach dem Roßleitenlift führt die Wanderung an zwei Almhütten vorbei. Etwa 100 Meter danach rechts und bald wieder links auf dem »Kampen-Reitweg« in den *Sultensattel* zwischen Sulten (links) und Kampenwand (rechts). Jetzt trennen uns nur noch 10 Minuten von der *Steinling-Alm* (1473 m); von der Seilbahn-Talstation 2½ Stunden.

Nun haben wir die Wahl zwischen zwei Möglichkeiten: Kampenhöhe (unschwierig) oder Kampenwand-Ostgipfel (mittelschwierig). Zur Kampenhöhe: Von der Steinling-Alm rechts (südwestwärts) an der Felsnadel des Staffelsteins vorüber und links über einen Grashang hinauf zur Kampenhöhe (1556 m); von der Steinling-Alm etwa 35 Minuten. (Von der Kampenhöhe kann in wenigen Minuten der Berggasthof Kampenwandbahn bzw. die Seilbahn-Bergstation erreicht werden.)

Zum Kampenwand-Ostgipfel: Von der Steinling-Alm auf schmalem, kehrenreichen Weg durch einen Latschenhang ansteigen in

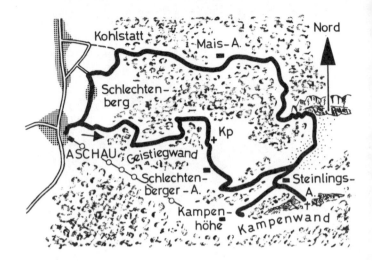

Richtung des weithin sichtbaren Gipfelkreuzes. Der Pfad geht ins Felsgelände über. Die Hände müssen zu Hilfe genommen werden. Anschließend linkshaltend in das »Schneeloch« und in die Felsschlucht der »Kaisersäle«. Der Gipfelaufbau wird sichtbar. Nach dem »Hexentanzplatz« folgt die erste drahtseilgesicherte Passage: Um das Felseck herum und im felsigen Schrofengelände zum Gipfelgrat und über eine Brücke zum Kreuz des rund 1660 Meter hohen Ostgipfels der *Kampenwand;* von der Steinling-Alm etwa ¾ Stunden.

Diesem Gipfel-Abstecher folgt der Abstieg: Von der Steinling-Alm wieder hinunter in den *Sultensattel.* In der Folge schlendern wir oberhalb des Almkessels mit der Gederer-Alm in den Osthängen des Sulten auf den *Roßboden,* einen Sattel zwischen Sulten (links) und Gedererwand (rechts), deren westliche Ausläufer beim Weiterweg passiert werden. In Serpentinen durch den Waldschatten hinunter zum *Bildstock »Bei Unserer Lieben Frau«;* ½ Stunde von der Steinling-Alm. Kurz danach betreten wir eine Waldstraße, der wir 1,5 Kilometer folgen zu einer Wegkreuzung. Eine Tafel zeigt nach links zur Mais-Alm und nach Aschau. Das ist unsere Richtung. Wir folgen also diesem Weg durch Mischwald absteigend und dann über ein Wiesengelände zu den Häusern von *Kohlstatt.*

Beim ehemaligen Café Bauer biegen wir links in den *Kohlstattweg* ein, anschließend über den *Lochgrabenbach* und gut beschildert nach *Schlechtenberg* und *Hub*. Nach der Pension »Meyerlhof« in Hub links in einen schmalen Wiesenpfad einschwenken und zurück zum Forsthaus und zum Parkplatz bei der *Seilbahn-Talstation*.

Weglänge 12 km. *Gehzeit* 4½ Stunden.
Gesamte Steigung 870 m.
Wanderkarte 1 : 50 000 Blatt Chiemsee und Umgebung.
Einkehrmöglichkeiten Schlechtenberger Alm, Gori-Alm, Steinling-Alm, Berggasthof, Kampenwandbahn.
Bemerkungen: Die Angaben (Weglänge usw.) berücksichtigen die Gipfelaufstiege nicht. Bei Benutzung der Seilbahn entfallen 2½ Aufstiegsstunden; von der Bergstation in 20 Minuten zur Steinling-Alm. Führungen im Schloß Hohenaschau von Mitte Mai bis Mitte September jeweils mittwochs um 9, 10 und 11 Uhr.

37
Von Reit im Winkl zum Walmberg

Früher galt »Reut im Winkl« als das »Bayerische Sibirien«, als ein weltentlegenes Dorf hinter den Bergen. Die damalige Abgeschiedenheit ist inzwischen von lebhaftem Tourismus abgelöst worden, der ungewöhnliche Schneereichtum während der Wintermonate ist aber geblieben; Reit im Winkl gehört zu den meistbesuchten Fremdenverkehrsorten im bayerischen Alpenraum. Im Herzen des alten Ortsteiles steht die Pfarrkirche, eine Mischung aus Jugendstil und Neubarock. Bei ihr machen wir uns auf den Weg.

Vom Kirchplatz auf der Dorfstraße abwärts zum Hotel Almrausch. Hier zum Schwimmbad und kurz danach erneut links. Damit beginnt der eigentliche Aufstieg. Auf der *Walmbergstraße* gelangen wir in knapp ¼ Stunde zum *Pötschbichl,* einem stattlichen Gehöft in sonniger Südlage. Dahinter halten wir uns rechts (Wegtafel »Café Jederer«) und steigen parallel zum Sessellift an, bis der Pfad rechts unter dem Lift hindurch führt und auf dem Wiesenhang hinüber leitet zum *Café Jederer;* nicht ganz ¾ Stunden von Reit im Winkl.

Anschließend wieder zur Lifttrasse, auf einem Pfad unterhalb der Zwischenstation vorbei und in den hochstämmigen Tannenwald, in dem sich der Weg in langgezogenen Serpentinen hinauf zu einem Sattel windet, von dem es rechts nur noch 5 Minuten zur Bergstation (980 m) des Sesselliftes sind; ½ Stunde vom Café Jederer.

Der höchste Punkt (1061 m) des *Walmberges* ist weiter östlich. Wir begnügen uns deshalb mit der großartigen Aussicht von der Berggaststätte auf die im Süden aufragende Gipfelwelt, ehe wir wieder zum Sattel absteigen. Nun halbrechts und mit Weg 5 auf dem schattigen Kammpfad in ¼ Stunde mäßig abwärts zur *Eckkapelle,* einer sagenumwobenen, mit barocken Fresken ausgestatteten Wallfahrtskirche aus dem Jahre 1780.

Es folgen schlichte, aber geschmackvoll gestaltete Kreuzwegstationen. Knappe 10 Minuten später, bei Station X, setzen wir die Tour auf dem schmalen *Amthorweg* fort. Er führt aussichtsreich durch den Hang zu einem Wasserfall des *Hausbaches* und abschließend hinauf zur *Kriegergedächtniskapelle* auf dem Pankratiushügel.

Beim Abstieg halten wir uns zur *Seerosenanlage* hin. Danach nehmen uns die Anlagen des *Grünbühel* auf, an dem stellenweise noch die Laufgräben und Schanzen aus der Zeit (1809) der Tiroler Freiheitskriege zu erkennen sind. Von hier sind es dann nur noch einige Minuten hinab zum Kirchplatz.

Weglänge 5,5 km.   *Gehzeit* etwa 2 Stunden.
Gesamte Steigung 320 m.
Wanderkarte 1:50 000 Blatt L 8340 Ruhpolding.
Bemerkungen: Bei Benützung des Sessellifts (Talstation 10 Minuten von der Kirche) entfällt 1 Aufstiegsstunde.

38
Von Ruhpolding über Eisenärzt nach Maria Eck

Bis ins 19. Jahrhundert war man in *Ruhpolding* auf die schmale Grundlage der Holzverwertung und der Landwirtschaft angewiesen, heute lebt der stattliche Luftkurort in einer Talweitung der Weißen Traun fast ausschließlich vom Fremdenverkehr und ist in den Urlaubsmonaten meist ausgebucht.

Unsere Tagestour nimmt ihren Anfang beim Bahnhof (Bahnbus- und Postbus-Haltestelle) der Nebenstrecke von Traunstein her. Zunächst in nördlicher Richtung, immer in Nähe des Schienenstranges bis in Höhe des Schwimmbades bei der Brücke über den *Steinbach*. Hier zeigt eine grüne Tafel nach Eisenärzt, unserem ersten Ziel. Also rechts über den Bahnkörper, gleich darauf mit einem Holzsteg über die *Weiße Traun* und anschließend beim E-Werk rechts über einen Kanal. Danach folgen wir dem *»Steig an der Traun«*, einem überaus reizvollen Weg, der streckenweise unmittelbar an der Traun entlangführt. Bei einer Nagelfluhfelspartie nicht geradeaus, sondern rechts mit Serpentinen in 5 Minuten empor zum Hochuferrand. Danach senkt sich der Weg wieder, ist gut beschildert und kann bis *Eisenärzt* nicht mehr verfehlt werden; 1¼ Stunden von Ruhpolding.

Auf dem Asphaltsträßchen abwärts, beim Brunnen in der Ortschaft links über die Weiße Traun zum Arztberg Keller. Etwa 10 Meter danach weist uns eine grüne Wegtafel rechts in den Wald, in dem wir nach Maria Eck ansteigen. Nach 5 Minuten lockt links unten das

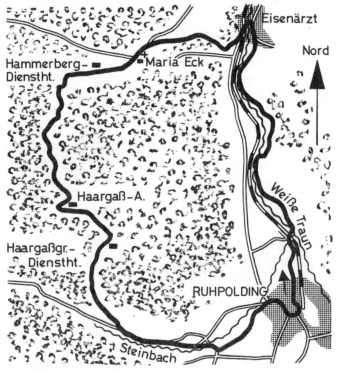

Waldschwimmbad, unsere Route steigt jedoch rechts weiter an. Insgesamt 25 Minuten sind es bis zur Autostraße. Auf ihr aufwärts zum Parkplatz und über Treppen zur Wallfahrtskirche *Maria Eck,* deren Zwiebelturm weithin sichtbar ins Land grüßt.

Beim nahen Klostergasthof Maria Eck (aus dem Jahre 1664) angelangt, sind wir 2 Stunden gewandert, so daß eine tüchtige Brotzeit schon verantwortet werden kann, zumal es auf dem Rückweg keine Einkehrmöglichkeit mehr gibt.

Vom Gasthof noch ein kurzes Stück steil bergan zum Ende der Straße. Links oben thront der umfangreiche Komplex des *Klosters,* rechts am Weg steht ein Stadel, an dem eine Tafel zur Steinberg-Alm weist. Wir folgen dem breiten Fahrweg in knapp ¼ Stunde zur *Ham-*

merberg-Forsthütte. Etwa 5 Minuten dahinter geht der breite Weg in einen Waldweg über. Auf ihm bummeln wir südwärts durch die Ostflanke des Mühlalpkopfes in ½ Stunde zur *Haargaß-Alm,* die auf einer verträumten Waldlichtung steht. Etwa 50 Meter nach der Hütte verlassen wir den zur Steinberg-Alm führenden Weg links, dringen in lichten Mischwald ein und wandern zur *Haargaßgraben-Forstdiensthütte.* Danach zieht sich die Route im Westhang des Westerberges durch den *Haargaßgraben* zu einer Straße, die wir etwa 150 Meter östlich von Bacherwinkel betreten.

In der Folge neben dem *Steinbach* durch das liebliche, sanft geneigte Tal in 20 Minuten hinab zum Talboden. Neuer Orientierungspunkt ist die Pfarrkirche im Norden. Sie wurde 1738 bis 1754 nach Entwürfen von Johann Gunetsrhainer umgebaut und birgt neben meisterhaften Rokokoskulpturen einen Hauptaltar von Ignaz Günther. - Von der Kirche halten wir uns ostwärts und sind 10 Minuten später wieder beim Bahnhof.

Weglänge 14,5 km. *Gehzeit* 4½ Stunden.
Gesamte Steigung 700 m.
Wanderkarte 1:50 000 Blatt L 8340 Ruhpolding.
Einkehrmöglichkeiten Eisenärzt, Maria Eck (Montag geschlossen).
Bemerkung: Badegelegenheit.

39
Von Bad Reichenhall auf den Predigtstuhl und zum Alpgarten

Beim *Wirtshaus Baumgarten* (Parkplätze, Bushaltestelle), 3,5 Kilometer südwestlich vom Bahnhof Kirchberg an der Straße (B 21) nach Jettenberg, unweit des Saalachsees, schnüren wir die Bergschuhe.

Südöstlich steigen wir oberhalb des Rötelbachgrabens auf dem markierten (P 5 auf blauem Grund) Ziehweg in 1 Stunde bergan zur *Rötelbachalm* (1294 m). Wenige Minuten später biegen wir nach links um und erreichen in nicht ganz ½ Stunde die *Untere Schlegelalm.* Nun rechtshaltend hinauf zu einer Jagdhütte und von dort linkshaltend und schließlich rechts in Serpentinen hinauf zur Bergstation der Seil-

bahn und weiter zum Gipfel des 1618 Meter hohen *Predigtstuhls; 3¼* Stunden.

Anschließend hinunter zur *Schlegelalm* (10 Minuten von der Seilbahnstation) in der flachen Schlegelmulde. Gegenanstieg im Latschenhang des Hochschlegel: Windungsreich neben dem Schlepplift her. Ungefähr in der Hälfte des Hanges zweigt links der *Alpgartensteig* (Markierung: P 7) ab. Er vermittelt über steile Grashänge den Eintritt in den wildromantischen Felsenzirkus des oberen *Alpgartentales.* An steilen und ausgesetzten Stellen erleichtern Drahtseile und Leitern den Abstieg durch diese großartige Landschaftsszenerie.

Weiter unten, nach dem Überschreiten des von links kommenden Fallersteingrabens, betritt man den Bergwald. Oberhalb der felsigen Rinne absteigend, kommen wir ziemlich an ihrem unteren Ende an den Bachlauf, über dessen westlichem Ufer wir weiter absteigen. Später wird der Bach rechts überschritten, worauf uns vor *Bayerisch Gmain* der Kapellenweg aufnimmt. An seinem Ende, 1¾ Stunden vom Predigtstuhl, geht es links durch die *Lattenbergstraße,* dann über den *Wappach,* vor dem Kinderheim rechts (Markierung: rotes G 2), kurz entlang der Bahnlinie, dann wieder links über den Bach und auf ein Asphaltsträßchen. Jetzt nicht rechts zur Autostraße, sondern links des Baches (Wegtafeln) dem schmalen Weg folgen. Bald überschreiten wir den Bahnkörper *(Vorsicht!)* und sind auf der *Berchtesgadener Straße;* 20 Minuten vom Kapellenweg. Etwas später müssen wir links umbiegen. Der Bahnkörper wird nochmals überschritten. Am Gasthaus Schießstätte vorüber zum *Stadtberglift* (vom Kapellenweg ½ Stunde) und weiter zum *Wirtshaus Baumgarten,* sofern wir dort den Wagen zurückgelassen haben.

Weglänge 14 km.   *Gehzeit* 5½ Stunden.
Gesamte Steigung 1140 m.
Wanderkarte 1 : 50 000 Berchtesgadener Alpen.
Einkehrmöglichkeiten Berghotel Predigtstuhl (Übernachtung, ganzjährig bewirtschaftet), Schlegelalm.
Bemerkungen: Nur für trittsichere Wanderer. Infolge gefährlicher Altschneereste erst ab Mitte Juli. Bei der Auffahrt mit der Seilbahn verkürzt sich die Aufstiegszeit um 3 Stunden (1100 Höhenmeter) sowie um ¾ Stunden der Rückweg zum Wirtshaus Baumgarten.

Durch den Zauberwald zum Hintersee

Beim *Gasthof Datzmann* (Parkplätze; Postbus-Haltestelle, Abfahrt am Postamt beim Berchtesgadener Bahnhof), 2 Kilometer von Ramsau an der Straße nach Hintersee, lassen wir uns rechts an der Straße von einer Wegtafel den Zugang in den Zauberwald zeigen: Zuerst bergab, dann über einen Bach, dahinter links und etwas später rechts über eine Brücke in die Wildnis des *Zauberwaldes*. Begleitet vom ungestümen Rauschen der Ramsauer Ache bringt uns ein gutausgebauter Weg durch diese urweltähnliche Landschaft. Wie von Riesenhänden verteilt liegen mächtige, vom Moos überwachsene Felsbrocken verstreut im Wald – Zeugen eines in grauer Vorzeit erfolgten Bergsturzes aus dem Pumerloch des Hochkalters. Dazwischen wuchern Farne, vermoderte Baumstümpfe liegen herum, der Bach springt gischend von Fels zu Fels.

Nach 20 Minuten erreichen wir die Stelle, wo die sumpfigen Ufer des *Hintersees* fast bis an den Weg heranreichen. Hier gehen wir rechts weiter, entlang dem See, in dem sich die Felsbastionen des Reitergebirges spiegeln. Nach etwa 10 Minuten betritt man die *Alte Hinterseestraße;* 35 Minuten vom Gasthof Datzmann.

Nun steigen wir rechts auf der Straße kurz bergan, worauf es wieder abwärts geht. Im Vorblick thront der Hohe Göll, und rechts oben blinken die Firnfelder des Blaueisgletschers.

Nach der Brücke rechts in das Tannendunkel des Zauberwaldes. Kurz darauf begegnet uns links des Weges eine nette Spielerei: Durch ein Wasserrad angetrieben werden eine Seilbahn und andere alpen-

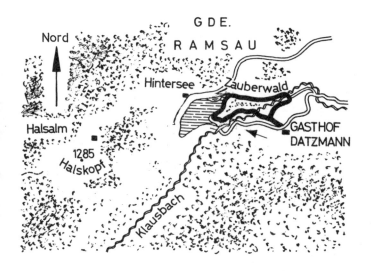

ähnliche Szenerien in Bewegung gesetzt. – Bei der folgenden Weggabel marschieren wir links weiter und sind nach einem kurzen Aufstieg wieder beim Gasthof Datzmann.

Weglänge 3,5 km.
Gehzeit 1½ Stunden.
Gesamte Steigung 100 m.
Wanderkarte 1 : 50 000 Berchtesgadener Alpen.
Bemerkung: Auch als Winterwanderung lohnend.

Watzmannhaus

41
Auf den Watzmann

Für eine Besteigung des Berchtesgadener Wahrzeichens empfiehlt sich als Ausgangspunkt die *Wimbachbrücke,* 7 Kilometer westlich von Berchtesgaden an der Straße in die Ramsau. Dort sind ausreichend Parkplätze vorhanden; Postbus-Haltestelle.

Vom Parkplatz in ¼ Stunde ansteigend zum Eingang der *Wimbachklamm,* einer wilden Felsschlucht, durch welche der Wimbach rauscht. Leider ist die Klamm schon nach 10 Minuten zu Ende. Wir überschreiten den Wimbach links auf einer Brücke und lassen uns von einem Serpentinenweg zur Höhe bringen. Dann wird der Weg eben und führt zu einem Gittertor; vom Parkplatz 40 Minuten.

Von hier steigen wir rechts in langgezogenen Kehren auf breitem Weg durch die Wälder des Kreideberges in ¾ Stunden bergan zur *Stubenalm* (1139 m). Danach passieren wir eine Forstdiensthütte und betreten das von der Schapbachalm hochkommende Fahrsträßchen. Weiter oben kommen wir an der Materialseilbahn des Watzmannhauses vorbei und kurz darauf zu den Hütten des *Mitterkaser* (Quelle). Nun geht es auf einem strauchbewachsenen, nur schwach ausgeprägten Kammrückens hoch über dem Schapbachboden im Zickzack empor zur *Falzalm* (1645 m); 1¼ Stunden von der Stubenalm.

Jetzt trennen uns noch 45 Aufstiegsminuten vom *Watzmannhaus* (1928 m) auf dem Falzköpfl am Nordrücken des Watzmann-Hochecks; 3¾ Stunden von der Wimbachbrücke.

Diese geräumige (fast 200 Schlafplätze) und vor allem gastliche Hütte ist eine herrliche Aussichtskanzel und idealster Stützpunkt für Besteigungen der Watzmanngipfel. Bewirtschaftet wird sie von dem Himalaya-Bergsteiger Albert Bitterling und seiner Frau. Er, Bergführer nebenbei, kennt nicht nur die Watzmann-Ostwand wie seine Hosentasche, sondern erklärt uns auch gerne die Gipfel im weiten

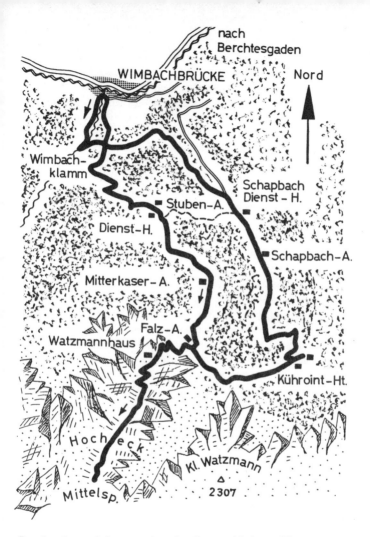

Rund und, soweit Interesse besteht, die verschiedenen Klettertouren in der 350 Meter hohen Westwand des Kleinen Watzmanns, die sich im Südosten über dem Watzmannkar aufbäumt.

Wer noch höher hinauf will, auf den Gipfel des Hochecks (2657 m), muß mit 2 Stunden Aufstieg rechnen: Anfangs sind es noch Spitzkehren. Dann wird der Weg steiler, bringt uns durch Geröll und Schroffen zur drahtseilversicherten »Schulter« (etwa 1 Stunde über der Hütte) und im Anschluß rechts des Nordgrates zur Unterstandshütte auf dem *Watzmann-Hocheck,* früher einmal, anfangs des 19. Jahrhunderts, ein vielbesuchter Wallfahrtsort. Heute scheint es, als würden viele Bergwanderer den Gipfel als Schuttabladeplatz betrachten!

Zur Mittelspitze, mit 2713 Metern der höchste Watzmanngipfel, auf dem, der Sage nach, die Arche Noahs gelandet sein soll, ist es hin und zurück eine knappe Stunde. (Nur für Trittsichere und Schwindelfreie bei guten Wetterverhältnissen!)

Nach der Übernachtung im Watzmannhaus geht es am nächsten Tag wieder dem Tal entgegen. Um aber nicht den Aufstiegsweg zu benutzen, biegen wir nach 25 Minuten bei der *Falzalm* rechts um in den *Falzsteig.* Er durchzieht die bewaldeten Hänge des südlichen Abschlusses des Schapbachbodens unterhalb des Watzmannkares. An einem Brunnen vorbei und später durch lichten Lärchenwald gelangen wir auf den Almboden von Kühroint und zur *Kührointhütte* (1420 m); 1 Stunde vom Watzmannhaus.

Nun vertrauen wir uns einem Fahrweg an, der nordwärts hinunterführt zum moränengesäumten Schapbachboden, der einst von einem Gletscher ausgefüllt war. Am nördlichen Ende einer langgestreckten Lichtung stoßen wir auf die *Schapbachalm* (1040 m), der 10 Minuten später die *Schapbach-Forstdiensthütte* (988 m) folgt.

Kurz danach gehen wir bei der Wegteilung links weiter hinunter zum Schapbach, der uns etwa 10 Minuten begleitet. Dann wenden wir uns von ihm ab und erreichen im weitem Linksbogen den Aufstiegsweg nahe dem Gittertor, von dem es, wie anfangs beschrieben, zur *Wimbachbrücke* geht.

Weglänge 16 km (bis Hocheck).
Gehzeit 9¼ Stunden (bis Hocheck).
Gesamte Steigung 1990 m (bis Hocheck).
Wanderkarte 1 : 50 000 Berchtesgadener Alpen.
Einkehrmöglichkeiten Mitterkaser-Alm, Watzmannhaus (Übernachtung), Kührointhütte (Übernachtung, bewirtschaftet von Juni bis Mitte Oktober).

42

Von St. Bartholomä zur Kapelle
St. Johann und Paul

Schon während der Fahrt über den Königssee, der gleich einem nordischen Fjord zwischen mächtigen Kalkgipfeln eingelagert ist und ohne Zweifel Einmaligkeit in Anspruch nehmen kann, hat man uns das wichtigste über den See und die umstehenden Gipfel erzählt. Was man nicht erfährt: der Königssee ist nicht, wie vielfach angenommen wird, in der Eiszeit entstanden; es handelt sich bei ihm um einen tektonischen Spaltensee, wie sich der Geologe ausdrückt, dessen Entstehen auf den Einbruch der Erd-Gesteinsrinde zurückzuführen ist. Und dieser Einbruch erfolgte bereits vor der Eiszeit.

St. Bartholomä

St. Bartholomä, wo unser Schiff anlegt, ist eine Halbinsel – ein Werk des Eisbaches bzw. der von ihm herangeschafften Geröllmassen. Die in ihren abgerundeten Formen reizvolle Kirche und die sich im Hintergrund aufbauende Watzmann-Ostwand dürfte eines der populärsten Foto- und Malermotive im gesamten Alpenraum sein. Dementsprechend ist auch der Andrang der Touristen. Die meisten begeben sich jedoch gleich in die Gaststätte, das einstige Jagdschloß des Berchtesgadener Fürstpropstes Frhr. v. Notthaft – und gehen damit an den verborgenen Schönheiten dieser Halbinsel vorbei. Den Auftakt bildet die 1134 geweihte »Basilica Chunigsee«, wie die damals noch hölzerne Kapelle genannt wurde. Bis aus dem Pinzgau kamen früher die Wallfahrer über die Felswüste des Steinernen Meeres am Tag des hl. Bartholomäus (24. August) gezogen, und schon manches der alten Flöße kenterte im Gewittersturm auf dem aufgewühlten See. – Ihre heutige Gestalt erhielt die Kirche (wie das Jagdschloß) im 17. Jahrhundert.

Hinter der Gaststätte gelangen wir ans Seeufer. Und schon nach wenigen Minuten ist vom Touristenrummel nichts mehr zu sehen und zu spüren. Dunkelgrün glänzt der Wasserspiegel des Sees, noch seicht an diesem Ufer, aber rasch tiefer werdend – bis zu 240 Meter. Baumstämme sind angeschwemmt und noch manches andere; links breitet sich Mischwald aus und direkt vor uns sehen wir den kahlen, zum See abfallenden Hang der Archenwand: 1946 wütete auf dem Hang acht Tage lang ein Brand, dem der ganze Wald zum Opfer fiel.

Nach 10 Minuten entdecken wir links bei einer Holzhütte den 1912 gesetzten Denkstein für die bayerische Prinzessin Maria Gabriele. Gleich danach verlassen wir den See und gehen links auf schmalem Fahrweg durch den dichten Mischwald in ¼ Stunde zum Geröllbett des *Eisbaches,* den der ewige Schnee der »Eiskapelle« nährt. Rechts am Bach aufwärts gehend und links über eine Brücke gelangen wir zu der versteckten *Kapelle St. Johann und Paul* mit ihren schmucken Butzenfenstern, dem zierlichen Glockenturm und dem mit Holzschindeln bedeckten Dach. Seit 1617 steht die Kapelle an diesem stillen Ort. Der Sage nach sollen sich hier zu nächtlicher Stunde die Untersbergmanndl, eine Zwergenart, treffen und die Messe hören. – Wie viele mag die Kapelle schon gesehen haben, die an ihr vorbei hoffnungsfroh hinaufstiegen zur Watzmann-Ostwand und als Tote wieder zurückgebracht wurden? Ein Stück des Weiterweges ist auch für Wanderer gut begehbar: der Aufstieg (1 Stunde) zur *»Eiskapelle«,* einem Gletschertor *(Nicht betreten!)* zu Füßen der Ostwand.

Beim Rückweg gehen wir links des Eisbaches bis zum Tor des *Forstgeheges.* Wir betreten das Gehege nicht, sondern spazieren rechts weiter entlang der angeschwemmten Geröllmassen und folgen den weißen Ringen an den Bäumen durch die *Bartholomä-Au.* Zwischendurch werfen wir einen Blick zurück auf die gebänderte, insgesamt 1800 Meter hohe Watzmann-Ostwand – die höchste Felswand der Ostalpen.

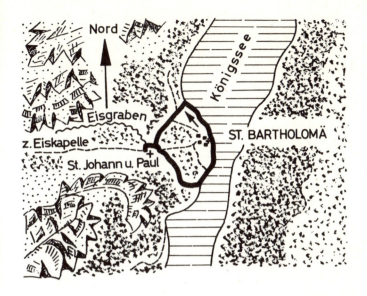

Beim ersten Lichtleitungsmast halten wir uns links und erreichen bei einem Holzhaus wieder den Königssee; ¼ Stunde von der Kapelle St. Johann und Paul.

Nun geht es links weiter, anfangs noch vom See entfernt, dann unmittelbar an seinem Wasser. Auf dem jenseitigen Ufer sehen wir die »Reitl«, eine Winterfutterstelle für das Rotwild.

Zum Abschluß sei noch eine Spezialität am Königssee erwähnt: Das zarte Fleisch eines Königssee-Saiblings, eine Lachsart! Schon die Fürstpröpste verschickten ihn als geräucherter »Schwarzreiter« als Delikatesse an Könige und Kaiser.

Weglänge 3,5 km.
Gehzeit 1 Stunde.
Gesamte Steigung 60 m.
Wanderkarte 1 : 50 000 Berchtesgadener Alpen.
Bemerkung: Auch als Winterwanderung lohnend, wenn der See zugefroren ist.

43
Von Waging zum Waginger See

In der bewegten Moränenlandschaft des östlichen Oberbayern, in eine Mulde gebettet, liegt der Ferienort *Waging,* 11 Kilometer nordöstlich von Traunstein (Eisenbahnverbindung, Autobahn-Anschlußstelle); Busverbindungen mit Burghausen, Tittmoning, Traunstein, Laufen. Geparkt wird am besten vor dem Friedhof (Salzburger Straße) etwa 500 Meter östlich der Pfarrkirche.

Zur Umgehungsstraße, die schräg links überschritten wird. Bei der Leitplanke mit einem Weg über die Böschung hinunter und zum *Schinderbach.* Über die Brücke zu den Höfen von *Egg.* Rechts oben sehen wir auf dem Mühlberg die Wallfahrtskirche Unserer lieben Frau, die beim Rückweg besucht wird. An der Straßenteilung linkshaltend nach *Gaden.* In der Filialkirche St. Rupert soll der hl. Rupertus, Apostel der Bayern und erster Bischof von Salzburg, im 7. Jahrhundert eine Messe gelesen haben.

Abwärts zum Maibaum. Der Waginger See tritt ins Blickfeld. Wir gelangen zur Autostraße. Auf ihr bzw. dem Fußweg rechts 200 Meter, dann abermals rechts in Richtung Seeleiten (Tafel). Aber nur 100 Meter. Unmittelbar nach einem Bächlein links und in den Wald. Bergan, an der Wegteilung geradeaus und in 10 Minuten zu einem asphaltierten Fahrweg (Rastbank). Auf ihm links etwa 200 Meter, bei einer Waldecke rechts abbiegen. Bei der folgenden Rastbank links und nahe dem Waldrand südostwärts in 10 Minuten zu einem Teersträßchen. Links zur Uferstraße, auf der wir rechts marschieren in 10 Minuten zu den Höfen von *Musbach.* Kurz danach zweigt von der Straße links ein Zufahrtsträßchen nach *Hainz* ab. Von dort in Ufernähe südostwärts zu einem Waldstück. An seinem Rand rechts halten zu einem Feldweg. Wo er sich teilt, wenden wir uns rechts und erreichen über ein Gehöft erneut die Autostraße, die von den Häusern von Quellgrund betreten wird; von Waging etwa 1¾ Stunden.

Mit der Straße rechts, nach 300 Metern links und hinauf zu den Höfen von *Stötten.* Zwischen den beiden Höfen durch und in einem Hohlweg hinunter ins liebliche Tal des *Wienergrabens.* Auf einer Brücke über den Bach. Bei der ersten Wegteilung links halten, wenige

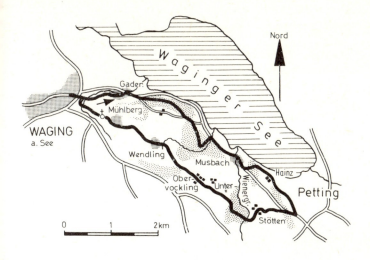

Schritte danach geradeaus und im Wald bergan. Oben bei der Wegteilung rechts zu einer Feldscheune. Anschließend am Waldrand links zu einem Schuppen, einige Meter rechts, dann links einem Feldweg folgen, der an den Häusern von Unterholzen vorbeiführt. Weiter in nordwestlicher Richtung im Hang oberhalb des Ötzbaches nach *Obervockling*.

Ein Sträßchen kreuzen zu einer kleinen Kapelle mit Gedenktafeln für hiesige Kriegsgefallene. Der Feldweg bringt uns in ¼ Stunde nach *Wendling*. Vor dem ersten Hof rechts, eine weitere Kapelle passieren und dem Feldweg folgen. Er verliert sich in den Wiesen. An einem Feldkreuz vorbei und weglos zu einem Kreuz unter einer Tanne, von wo ein Asphaltsträßchen zu den Häusern von *Mühlberg* leitet. Eine gelbe Tafel zeigt zur Wallfahrtskirche in aussichtsreicher Lage auf dem *Mühlberg,* wo wir wenige Minuten später eintreffen. Im Vorraum, dessen Decke mit Votivtafeln »tapeziert« ist, liegt der unter »Bemerkung« empfohlene Kirchenführer aus.

Von diesem herrlichen Aussichtsplatz über dem Rupertigau geht es am Mesneranwesen vorbei auf einem Fußweg abwärts, im Tal über

den *Schinderbach,* rechts und auf dem bekannten Weg zurück zum Parkplatz.
Weglänge 12,5 km.
Gehzeit etwa 3¼ Stunden.
Gesamte Steigung etwa 200 m.
Wanderkarte 1 : 50 000 Blatt L 8142 Laufen.
Einkehrmöglichkeit Gaden.
Bemerkung: In der Waginger Pfarrkirche sowie auf dem Mühlberg liegt eine Broschüre aus, der aufschlußreiche Informationen über die Kunst- und Kulturgeschichte der Umgebung entnommen werden können.

44
Von Raitenhaslach ins Salzachtal

Etwas abseits der B 20 zwischen Tittmoning und Burghausen verstecken sich die Gebäude der ehemaligen Zisterzienser-Abtei *Raitenhaslach* mit einer ursprünglich romanischen (Außenmauern) Klosterkirche, die Ende des 17. Jahrhunderts barockisiert und in eine Wandpfeilerkirche mit Seitenkapellen umgestaltet wurde (Kirchenführer-Broschüre). Busverbindung mit Burghausen.

Beim Maibaum (Parkplätze) erklärt eine Tafel die nahegelegenen Wanderziele. Wir folgen der Straße ansteigend in ¼ Stunde zur B 20. Kurz davor halblinks in einen Weg einschwenken (Markierung: roter Punkt auf weißem Grund) und gemütlich an der Hangkante durch den Wald, später leicht ansteigen zu einem Haus an der *B 20.* Auf ihr links zu einer Parkbucht mit großartigem Tiefblick zur Salzach. Anschließend an der *Gastwirtschaft Pritzl* vorbei. Etwa 10 Minuten später beschreibt die B 20 eine Linkskurve. Nach 100 Metern rechts in einen Feldweg, der zum Weiler *Wechselberg* führt; vom Kloster etwa 1 Stunde.

Bei einem Silo (Aufschrift: Awila) wird der Weiler bei zwei Birken in leicht südöstlicher Richtung verlassen. Auf einem Feldweg in knapp 10 Minuten zum Bauernhof *Reit.* Daran rechts vorbei, an der Wegteilung rechts halten und auf einem Fahrweg zu einem Asphalt-

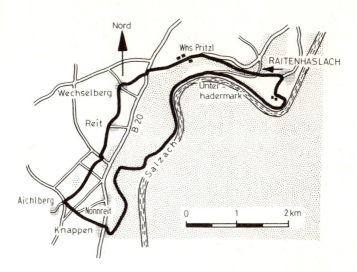

sträßchen. Links, bei der kleinen Kapelle rechts, nach 300 Metern ein Sträßchen kreuzen und weiter in Richtung des Kirchturmes von Asten. Rechts steigen die Hänge des Plattenberges an. Vor dem nächsten Sträßchen wendet sich die Route links und folgt einem Feldweg. An seiner Linkskurve geradeaus zu den Höfen von *Knappen* an der B 20; vom Kloster etwa 1¾ Stunden.

Auf der anderen Straßenseite abwärts. Kurz darauf zweigt halblinks unser Weg ab. Er senkt sich im Hangwald und führt an einem Tümpel vorbei. Als Markierung gelten die weiß-blau-weißen Ringe an den Bäumen. Nach etwa 20 Minuten stoßen wir bei einer Sand- und Kiesgrube auf einen Querweg. Rechts 20 Meter abwärts, dann halblinks. Bei der übernächsten Wegteilung wenden wir uns von der weiß-blau-weißen Markierung rechts ab und nähern uns der Salzach, vor der ein Pfad im Hangwald links flußabwärts führt in 35 Minuten zu den Häusern von *Unterhadermark*. An einem Haus ist der Stand der Hochwasser angezeichnet.

Wir setzen die Wanderung auf dem Uferpfad fort, noch etwa ½ Stunde, dann zweigt links der Weg ab, auf dem wir ansteigend, streckenweise hohlwegartig zur Geländestufe über der Salzach gelangen.

An Fischweihern vorbei schlendern wir zum Kloster, das vermutlich vor über einem Jahrtausend gegründet wurde.
Weglänge 14 km.
Gehzeit 3¾ Stunden.
Gesamte Steigung etwa 200 m.
Wanderkarte 1:50 000 Blatt L 7942 Burghausen.
Einkehrmöglichkeiten Klosterstüberl (Montag Ruhetag), Gastwirtschaft Pritzl.

45
Zum Inn-Salzach-Dreieck

Östlich des Wallfahrtsortes Altötting mündet die Salzach, aus den Kitzbüheler Alpen kommend, nach 220 Kilometern in den Inn, gar nicht weit vom Dorf *Haiming* (10 km von Burghausen, Busverbindung) entfernt. Und dort treten wir nachstehend beschriebene Wanderung an.

Von den Parkplätzen (Bus-Haltestelle) neben der Kirche St. Stefan an der Kirche und am Keller Wirt vorbei zur Volksbank. Dort rechts in die *Fahnbacher Straße*. Durch Wiesen über *Fahnbach* in ¼ Stunde zu einer Querstraße. Etwa 50 Meter links, dann rechts zu den Höfen von *Leichspoint* und anschließend im Wald bergauf in den *Daxenthaler Forst*. Am oberen Hangrand wenden wir uns links und folgen dem *Grünkreuzweg* in südwestlicher Richtung. Nach 10 Minuten sind wir bei einer Wegkreuzung. Jenseits noch 100 Meter geradeaus, worauf wir halblinks in den *Daxenthalerweg* einschwenken. Er verläuft unmittelbar am Hangrand und stößt etwa 20 Minuten später auf das Waldsträßchen *Mittel-Geräumt*. Links davon nahezu weglos den Steilhang hinunter zu einem Fahrsträßchen, das uns über *Kemerting* direkt zur Kirche von *Neuhofen* leitet; von Haiming etwa 1½ Stunden.

Von der Telefonzelle zur Umgehungsstraße. Auf der anderen Seite erwartet uns ein Hochwasserdamm der Salzach, der nun für eine ganze Weile unser Wandern bestimmt. Rechter Hand begleitet uns in einigem Abstand die Salzach. Dazwischen liegen busch- und baumbestandene Uferwiesen. Allerlei Wasservögel tummeln sich dort.

Nach etwa ½ Stunde bietet sich die erste Möglichkeit, links wieder nach Heiming zu gelangen. Wir schlendern aber auf dem Damm weiter. Altwasser umspülen die Böschung. Und plötzlich wird der Blick frei auf den seenbreiten Zusammenfluß von Salzach und Inn. Links folgen im Abstand von 500 Metern zwei Pumpwerke. Und etwa 1½ Stunden nach Neuhofen ist der Damm zu Ende. Wir wenden uns links vom Inn ab und marschieren über *Winklham* in 20 Minuten zurück nach *Haiming*.

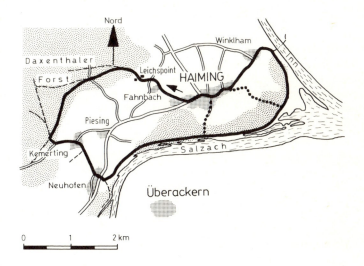

Weglänge 13,5 km.
Gehzeit 3½ Stunden.
Gesamte Steigung 50 m.
Wanderkarten 1 : 50000 Blatt L 7742 Altötting, Blatt L 7942 Burghausen (letzteres Blatt ist nicht unbedingt erforderlich).
Einkehrmöglichkeit Neuhofen (etwas abseits).
Bemerkung: Die Wanderung kann verkürzt werden (siehe punktierte Linien auf der Wegskizze).

46
Von Wasserburg durch das Inntal

Geschützt durch eine Innschleife konnte *Wasserburg* seine frühgotische Stadtanlage über die Wirrnisse der Jahrhunderte hinweg retten. Es ist eine der altertümlichsten Städte in Oberbayern, geprägt von der mittelalterlichen Inntalbauweise; 51 Kilometer von München. Sehr gute Bahn- und Busverbindungen. Geparkt wird vor dem Bahnhof (Bus-Haltestelle).

Links neben dem Posthof auf einem Fußweg zum *Inndamm,* auf dem wir flußabwärts bummeln. Die Route bleibt am Inn, der in den Albulabergen aus dem Lunghinosee (zwischen Maloja- und Septimerpaß) entspringt und nach 510 Kilometern bei Passau in die Donau mündet. Sein Name stammt übrigens vom keltischen Wort »Ine«, was soviel heißt wie »der Fließende«.

Unser Weg ist bald identisch mit dem Inntal-Wanderweg (Rosenheim – Passau) und mit einem stehenden roten Balken auf weißem Grund markiert. Links steigen dunkle, von vereinzelten Schluchten durchrissene Hangwälder an. An der Mündung des *Kobler Grabens* auf einem Holzsteg über den Bach. Und schon sind wir bei der *Waldkapelle Maria Hilf,* einem reizenden Plätzchen mit Rastbänken nahe dem Innufer; von Wasserburg 25 Minuten.

Danach umfängt uns eine langgestreckte Uferwiese, von der es wieder in den Wald geht. Nach einer Weile treten die Hangwälder weit zurück. Vor uns liegen die Häuser von *Zell,* wo wir 40 Minuten nach Wasserburg ankommen.

Nach einem Blick auf die beachtenswerten alten Fresken im Altarraum der kleinen Laurentiuskirche, folgen wir dem Inntal-Wanderweg noch 200 Meter. Im Vorblick zeigt sich der Spitzturm der Riedener Kirche. Wir wenden uns links vom Inn ab und erreichen ansteigend in 5 Minuten die Höfe von *Gröben.* Weiter zur Anhöhe; rechts der Kirchturm von Kirchreit. Wir biegen links in den Fahrweg nach *Sonnholzen* ein; von Wasserburg 55 Minuten.

An klaren Tagen sind im Süden die Alpengipfel zu sehen. Unmittelbar nach dem Gehöft halten wir uns bei der Wegteilung rechts. Hinunter zu Wiesen. Der Weg macht eine Rechtskurve zu einer Gabe-

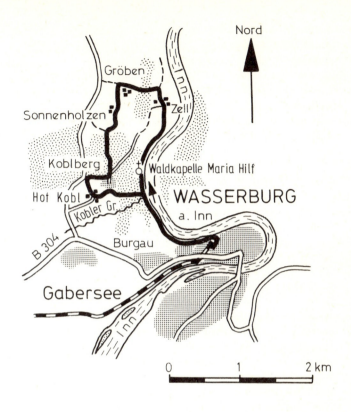

lung. Von dort links mäßig bergan in den Wald. Auf ausgefahrenem Weg, bei seiner Teilung halblinks und anschließend nahezu geradeaus zu einem Asphaltsträßchen und rechts nach *Koblberg*.

Auf dem Sträßchen in Richtung B 15, die jedoch nicht betreten wird. Vor ihr im spitzen Winkel links und weglos über Wiesen zum *Koblbauer* und zu einem geteerten Fahrsträßchen. Auf ihm links, bei Haus Nummer 9 halbrechts mit einem Wiesenweg zum Wald. Bei der nächsten Wegteilung geradeaus, hohlwegähnlich in den steilen Uferhang und in Serpentinen hinunter zur Mündung des *Kobler Grabens* und damit an den Inn, wo uns nur noch 20 Minuten vom Wasserburger Bahnhof trennen.

Weglänge 6 km.

Gehzeit 1½ Stunden.

Gesamte Steigung etwa 90 m.

Wanderkarte 1 : 50 000 Blatt L 7938 Wasserburg.

Bemerkungen: Sehenswürdigkeiten in Wasserburg: Gotisches Rathaus an der Ecke des Marienplatzes; gegenüber das spätgotische Kernhaus mit einer Stuckfassade (1738) des Wessobrunners Johann Baptist Zimmermann. Stadtpfarrkirche St. Jakob, ein dreischiffiger Pfeiler-Hallenbau aus dem 15. Jahrhundert ähnlich der Frauenkirche aus dem 14. Jahrhundert. Altertümliche Bruckgasse. Heimatmuseum. Aufstieg durch die steile Schmiedzeile zur spätgotischen einstigen Burg der Bayernherzöge.

47
Um Rott am Inn

Auf dem westseitigen Moränenufer des Inntales, oberhalb der B 15 halbwegs zwischen Rosenheim und Wasserburg (Bahn- und Busverbindungen) thront die ehemalige Benediktiner-Klosterkirche von Rott. An ihrem Bau und ihrer Ausstattung waren die fähigsten bayerischen Künstler des 18. Jahrhunderts beteiligt. Ausführliches ist in der Kirchenführer-Broschüre nachzulesen.

Wir lassen das Fahrzeug vor dem Kloster stehen und beginnen die Tour neben dem Gasthaus Klosterstuben auf der *Rottmooser Straße:* Westwärts durch Wiesen in 20 Minuten zum letzten Hof von *Rottmoos.* Von dort zum Waldrand, kurz rechts, dann links auf einem Forststräßchen (Rottmooser Linie) in den Wald. Ungefähr 600 Meter die Richtung beibehalten, worauf wir uns links wenden und nun in südlicher Richtung wandern, und zwar schnurgerade über schwach ausgeprägte Erhebungen hinweg. Nach 20 Minuten kreuzen wir die Straße Rott–Dettendorf. Noch immer geradeaus durch den *Rotter Forst.* Etwa ¼ Stunde später versteckt sich links das kleine Frauenöder Filz, ein Naturschutzgebiet. Nach einer weiteren Viertelstunde stoßen wir auf einen Querweg, dem wir links aus dem Wald hinaus folgen. Auf einem Fahrsträßchen in 20 Minuten zur Kapelle von *Ranft*. Etwa 150 Meter danach bei einer Rastbank rechts. In 10 Minuten leitet uns das Sträßchen zu den Bauernhöfen von *Geharting* und zur *B 15;* von Rott 2¼ Stunden.

Von der Rottbrücke links (nordwärts), nach 200 Metern rechts und durch eine Bahnunterführung nach *Oberwöhrn*. Beim Sägewerk links, wenig später rechts über einen Bach und den Telefonleitungen nach – links Feldkirchen – zu einer Brücke über die Rott. Vor der Brücke links und in der Folge auf dem Damm in nördlicher Richtung, eine Straße kreuzen, in etwa 40 Minuten zu einer Linksabzweigung (200 m

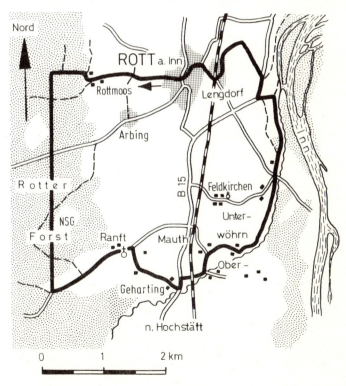

vor einem Pumpwerkhäuschen). Auf dem Feldweg nach *Lengdorf*. Von dort mit der B 15 etwa 5 Minuten rechts (Richtung Wasserburg), dann zweigt halblinks ein Feldweg ab. Er verliert sich in den Wiesen. Noch ein Stück am Rand der Böschung, worauf wir uns (kurz nach einem kleinen Steinmarterl) links wenden und den einzeln stehenden Stadel ansteuern. An ihm links vorbei, auf einem Weg zum Sägewerk und über sein Gelände südwärts zu einem Sträßchen. Rechts über die Schienen. An der Rechtskurve geradeaus zu einem Fußweg, der uns hinaufführt nach *Rott*.
Weglänge 15,5 km.
Gehzeit 3¾ Stunden.
Gesamte Steigung etwa 80 m.
Wanderkarte 1 : 50 000 Blatt L 8138 Rosenheim.
Bemerkungen: Die Kirche in Rott ist während der Sommermonate an Sonn- und Feiertagen von 13 bis 17 Uhr geöffnet. Ansonsten Anfrage im Pfarramt (Kirchweg 9) oder bei Frau Dohle (Kirchweg 3).

48
Von Isen ins Lappachtal

Wenn Sie *Isen* auf einer Autokarte suchen, müssen Sie sich auf das Quadrat zwischen Erding, Dorfen, Haag, Markt Schwaben konzentrieren. Mittendrin entdecken Sie den unscheinbaren Marktflecken, wo schon 747 vom 35 Kilometer entfernten Freising aus eine Benediktinerpropstei gegründet wurde. Um 1180/90 entstand die romanische Pfeilerbasilika – »Klein Freising« – in baulicher Anlehnung an den Freisinger Dom. Sie wurde dem hl. Zeno, von 362 bis 372 Bischof von Verona und Sippenheiliger der Fagana, geweiht (Patrizinum 12. April). Die Fagana – ihr Kernland war der Isengau – gehören zu den ersten bayerischen Adelsgeschlechtern neben den Agilolfingern, Huosi, Hahilinga, Drozza und Annioma. Informationen über die Kirche in einer Broschüre bzw. auf einer Tafel im Vorraum. Die Bushaltestelle (Verbindungen mit Wasserburg, Haag, Markt Schwaben) befindet sich beim Postamt; nahebei eine Wanderwege-Übersichtstafel.

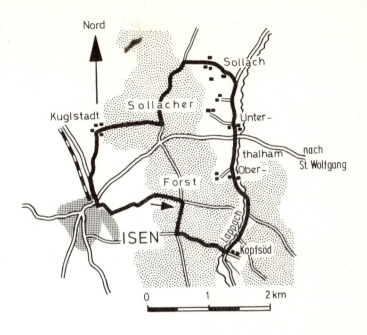

Ausgangsplatz für unsere Tour ist der ehemalige *Bahnhof* unterhalb des Ortskernes im Tal des Schinderbaches. Zum Bahnübergang, diesseits bleiben und in Höhe des großen Lagerhauses links in die *Ranischbergstraße*. Bergan zur *St.-Josefs-Kapelle* (geschlossen, Barockaltar); unterhalb einer Lourdesgrotte.

Danach wendet sich der Weg (ADAC-Rundweg) links, vorbei an einem Fischweiher über die Höhe des *Ranischberges* in den Wald des *Sollacher Forstes*. Halblinks auf breitem Weg, vor Bienenstöcken rechts und in 5 Minuten zu einer Kreuzung (kleiner Bildstock von 1926). Nun rechts (südwärts) zur nächsten, 500 Meter entfernten Kreuzung. Hier links absteigend ins idyllische Tal der *Lappach;* von Isen 50 Minuten.

An der Kreuzung der Fahrsträßchen gehen wir links, überschreiten die folgende Kreuzung und spazieren weiter talauswärts. Das entlegene Gehöft Kirchstätt bleibt rechts. Durch den Wiesenboden schlängelt sich die Lappach. Die Route ist nicht zu verfehlen. Schließlich erreichen wir die Landstraße Isen – St. Wolfgang. Einige Schritte abwärts und in Richtung Dorfen (Tafel) zu den Höfen von *Thalham*. Ab hier bleiben wir noch etwa 10 Minuten auf der Talstraße, dann zweigt links ein Fahrweg nach *Sollach* ab. Die Höfe zurücklassend durch Felder auf breitem Weg zum Rand des *Sollacher Forstes*. Links auf dem Waldsträßchen dahin. Bei der Wegteilung rechts halten. Nahe einem Einzelhof vorüber. Von der Wiesenlichtung wieder in den Wald. Bei der Wegkreuzung nach 300 Metern biegen wir rechts in ein Forststräßchen ein. Abwärts am Rand eines Tälchens zu den Häusern von *Kuglstadt*. Links halten, bei der Wegteilung nochmals links und durch ein Wiesental zur *Feldstraße,* die in die *Lengdorfer Straße* mündet. Auf ihr gehen wir links zum Bahnhof.

Weglänge 10,5 km.
Gehzeit 2¾ Stunden.
Gesamte Steigung 140 m.
Wanderkarte 1 : 50 000 Blatt L 7738 Dorfen.

49
Im Ebersberger Forst

Die ausgedehnten Waldungen des *Ebersberger Forstes* (9000 ha, davon 7700 ha Staatswald) östlich der bayerischen Landeshauptstadt gehören zu den beliebten Nahausflugszielen der Münchner. Trotzdem findet man noch immer stille Pfade und einsame Plätzchen in unberührter Natur. Beste Anfahrt: Vom Autobahnkreuz München-Ost auf der B 12 nach Anzing (7,5 km), von dort südostwärts über Obelfing zum Waldeingang. Anschließend 1,5 Kilometer auf dem Waldsträßchen in Richtung Ebersberg, dann rechts in das Heilig-Kreuz-Geräumt zum 700 Meter entfernten Parkplatz vor dem ehemaligen Forsthaus Sauschütt, das zwischen den Bäumen durch sichtbar ist.

    Auf dem Forststräßchen zu einem Stadel (rechts das ehemalige Forsthaus). Vor der kleinen Blockhütte links mit den Täfelchen des Rundweges 4 in den hochstämmigen Wald. Wenig später wird ein Querweg erreicht. Links, über eine Kreuzung und zum *Schwaberwe-*

ger Hauptgeräumt. Ein Holzmast erinnert an den Anzinger Revierförster Wolfgang Dillis.

Von der Kreuzung rechts, bei der nächsten Kreuzung links (östlich) auf dem *Hirsch-Geräumt* zu einer weiteren Kreuzung. Nun halbrechts in Richtung Diana (Wegzeiger). Schräg durch das Waldgeviert 31 zu einem Querweg, auf dem es links zu einer Kreuzung geht. Rechts (südwärts), nach 150 Metern halblinks einem Waldpfad folgen. Wir vertrauen auf die roten Täfelchen und stoßen nach ¼ Stunde auf eine breite Forststraße. Mit ihr rechts in 20 Minuten zum ehemaligen *Forsthaus Diana;* vom Parkplatz 1¼ Stunden.

Von hier auf einer Forststraße (Reitöster-Geräumt) dem Westen zu. Etwa 25 Minuten vergehen, bis wir bei einem großen Stadel sind. Dort, bei der Kreuzung (Blauer Stern) rechts in das *Schwaberweger Hauptgeräumt*. Fünf Minuten später links, nach 400 Metern rechts, nun wieder in nördlicher Richtung wie mit dem Lineal gezogen gemeinsam mit einem Reitweg. Wo der Reitweg einen Linksknick macht, gehen wir auf dem *Inninger Kranzweg-Geräumt* noch 400 Meter geradeaus und treffen dann auf den schon bekannten Rundwanderweg 4. Links, kurz darauf halbrechts unfehlbar zum Parkplatz.
Weglänge 12 km.
Gehzeit 3 Stunden.
Gesamte Steigung keine.
Wanderkarte 1 : 50 000 Blatt L 7936 Grafing.
Bemerkungen: Südwestlich der Ortschaft Hohenlinden beginnt an der Hohenlindener Sauschütte ein 3 Kilometer langer Waldlehrpfad. Nordwestlich von Eglharting befindet sich ein Wildschweinpark.

50
Durch das Erdinger Moos

Nordwestlich von Erding, nach Freising und zur B 11 hin, erstreckt sich das weitläufige Erdinger Moos, eine schwermütig anmutende Landschaft, durchzogen von zahlreichen Wasserläufen und mit Baumgruppen und kleineren Waldstücken durchsetzt; zwischendrin Einzelhöfe von Moosbauern, die hauptsächlich vom Krautanbau leben. An den Rändern des Mooses haben sich Ortschaften entwikkelt. Eine davon ist *Oberding* (5 km von Erding), das bereits 950 urkundlich erwähnt wird. Dort lassen wir das Fahrzeug an der Hauptstraße vor dem Gasthaus Balthasar Schmid, einem empfehlenswerten Speiselokal.

Zum Maibaum, danach links in das Sträßchen einschwenken. Die Georgskirche (geschlossen) stammt aus dem frühen 18. Jahrhundert; über dem Sakristei-Eingang befindet sich ein kleines spätgotisches Sandsteinrelief.

Westwärts ins Moos. Bei der Straßenteilung nach ¼ Stunde (gleich

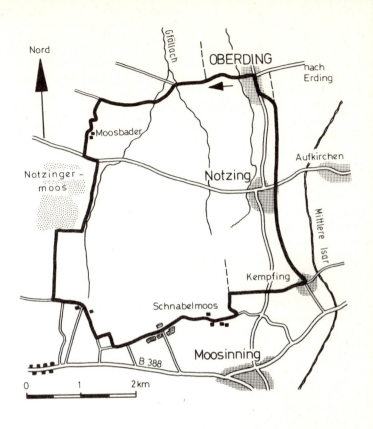

nach der Altachbrücke) links halten, etwas später über den *Gfällbach* und weiter in Westrichtung. Es vergeht nochmals ¼ Stunde, worauf links ein Weg zu dem bereits sichtbaren Hof *Moosbader* abzweigt. Von dort in 5 Minuten zur Landstraße. Auf ihr 300 Meter links. Danach rechts in das Landschaftsschutzgebiet und am Gfällbach entlang durch das *Notzingermoos*. Nach 20 Minuten vor einem Wassergraben rechts, 500 Meter westwärts, dann links (entweder links oder rechts des Wasserlaufes) in ¼ Stunde südwärts zu einer Brücke. Links auf der *Moosstraße,* an zwei Häusern vorüber und nach dem Bächlein auf der *Greißlstraße* in guten 5 Minuten zu einem größeren Haus (holzgeschnitzte Balkonverzierung). Links, 250 Meter weiter rechts zu einem Fahrweg und erneut links. Geradeaus zwischen Baggerseen durch – halbrechts sieht man den Wasserturm von Moosinning – zu den *Schnabelmooshöfen.*

Etwa 500 Meter danach links (nordwärts), auf dem nächsten Weg rechts zur Landstraße, von der es nicht mehr weit ist in die Ortschaft *Kempfing;* von Oberding rund 3½ Stunden.

Bei der Straßenteilung links (rechts zur Kirche). Ein Feldweg leitet in nördlicher Richtung. Halbrechts taucht der zierliche Rokokoturm von Aufkirchen ins Blickfeld. In *Notzing* übernimmt uns die *Gartenstraße.* Bei der Straßenteilung rechts der *Blumenstraße* folgend zur *Erdinger Straße.* Auf der anderen Seite geradeaus in gleicher Richtung. Halbrechts erscheint der Kirchturm von Niederding. In Höhe der ersten Häuser von *Oberding* halten wir uns links und gelangen mit dem *Aufkirchner Weg* zur *Hauptstraße,* an der rechts das Gasthaus Schmid steht.

Weglänge 18 km.
Gehzeit 4½ Stunden.
Gesamte Steigung keine.
Wanderkarte 1 : 50 000 Blatt L 7736 Erding.
Einkehrmöglichkeit Notzing (etwas abseits).
Bemerkung: Die Wanderung sollte nicht an heißen Tagen unternommen werden, da sie nirgendwo Schatten bietet.

Schrifttum

Literatur

Conte Corti, Egon Cäsar; Ludwig I. Verlag F. Bruckmann KG, München.
Hubensteiner, Benno; Bayerische Geschichte. Süddeutscher Verlag, München.
Karlinger, Hans; Bayerische Kunstgeschichte. Lama-Verlag, München.
Kellner; Die Römer in Bayern. Süddeutscher Verlag, München.
Reiser, Rudolf; Die Wittelsbacher 1180–1918.
  Verlag F. Bruckmann KG, München.
Richter, Werner; Ludwig II. König von Bayern. Verlag
  F. Bruckmann KG, München.
Seibert, Dieter; Goldenes Bayern. Verlag F. Bruckmann KG, München.
Trenker/Dumler; Die schönsten Höhenwege zwischen Watzmann und Zugspitze. Verlag F. Bruckmann KG, München.

Führer

Dumler, Helmut; Rundwanderungen Altmühltal. Ammersee und Starnberger See. Berchtesgadener Land. Isartal. Tegernsee und Chiemgau. Werdenfelser Land (Einzelbände).
  J. Fink–Kümmerly+Frey Verlag GmbH, Stuttgart.
Herold-Kulturführer, Band 1, 2, 7, 8, 16. Deutscher Herold Verlag, München.
Pause, Walter; Wer viel geht, fährt gut. Band I, II, III.
  Verlag Schnell und Steiner, München.
Zimmermann, Wolfgang; Oberbayerisches Wanderbuch Band I und II. Tyrolia Verlag, Innsbruck.

Der Prachtbildband für Wanderfreunde

Traumpfade zwischen Böhmerwald und Adria

Oberösterreich – Steiermark – Oberkrain.
Der Leser findet hier Menschen und Landschaften entlang des Europäischen Fernwanderweges 6 vom Nebelstein (nahe der tschechischen Grenze) bis nach Rijeka an der Adria in Wort und Bild beschrieben. Über 700 km Toureninformationen wurden vom Verfasser harmonisch verknüpft mit geologischen, historischen, volkskundlichen und touristischen Angaben. 176 Seiten mit 80 Farbfotos und Karten, Großformat 24 x 27,5 cm.

Fink-Kümmerly+Frey

richtungweisend: ein Fink-Bildband